T0277669

Disfruta tu casa

MANU NUÑEZ

Disfruta tu casa

TRUCOS Y CONSEJOS PARA ORGANIZAR TU HOGAR DE FORMA INTELIGENTE

Editorial Arcopress • Colección Sociedad Actual
Edición: María Borrás
Diseño y maquetación: Fernando de Miguel

Síguenos en @AlmuzaraLibros

Editorial Almuzara
Parque Logístico de Córdoba. Ctra. Palma del Río, km 4
C/8, Nave L2, nº 3. 14005 - Córdoba

Imprime: Gráficas La Paz
ISBN: ISBN: 978-84-11314-82-4
Depósito Legal: CO-53-2023
Hecho e impreso en España - *Made and printed in Spain*

A mi familia y a todas aquellas personas
que me han enseñado que cada casa
se vive y disfruta de una forma diferente

Índice

El tamaño no importa

odos deberíamos tener un hogar en el que nos sintamos genial. Siempre me ha parecido muy triste que, cuando se le pregunta a alguien cuál es el lugar en el que se encuentra más a gusto y relajado, la mayoría de las personas contestan sitios remotos a los que pueden ir en raras ocasiones. ¿Cómo puede ser que poca gente considere que su lugar favorito es su casa?

Durante el confinamiento que vivimos, me sorprendió mucho el hecho de que —al segundo día— muchísima gente se quejara de que se aburría, de que no podía soportar estar en casa tanto tiempo y de lo duro que le estaba resultando ordenar sus armarios y mantener la limpieza. Tu casa nunca debe ser un lastre para ti. Tu hogar es tu aliado, no tu enemigo. Cambiando algunos hábitos y poniendo en práctica algunos trucos, verás cómo conviertes tu casa en tu lugar favorito.

El hogar tendría (o mejor, tiene) que ser nuestro lugar favorito, sin duda. Y, además, todos y cada uno de los miembros que viven en la casa deben sentirse a gusto en él.

Recientemente, se ha puesto de moda la expresión «Me Time». A la idea de toda la vida de destinar tiempo a uno mismo, se le une el concepto de espacio. Es decir: «Me Time» no es otra cosa que dedicarse tiempo y espacio. Por eso, te recomiendo que crees un rincón especial para ti. De hecho, cada una de las personas que habitan un hogar debe tener un espacio en el que se sienta realmente a gusto.

Tu casa es (o debería ser) el reflejo de tu forma de ser, de tu interior. Mira a tu alrededor. Si entraras de visita en tu casa, ¿qué opinarías de la persona que vive en ella? A todos nos gusta dar una buena impresión. Si tu entorno no refleja la imagen que quieres proyectar, es el momento de empezar a transformarlo a tu medida. O, mejor dicho: empezar a organizarte para que te resulte cómodo mantenerlo todo en su sitio.

Una casa ordenada siempre produce sensación de agradable bienestar ya que un entorno en orden transmite equilibrio. Si eres de los que piensa que eso supone mucho esfuerzo y que tu desorden no tiene remedio, este es tu libro. En estas páginas, te ayudaré a que el proceso te resulte fácil y ameno.

Si, por el contrario, opinas que ordenar tu casa es una pérdida de tiempo y un desgaste innecesario de energía porque crees que el desorden no es tan malo, este también es tu libro. Cuando termines de leerlo, te darás cuenta de la cantidad de tiempo que ahorra a diario gracias a tener tus cosas ordenadas.

Lo más importante es que te lo tomes como una tarea placentera porque el resultado merece la pena (o, mejor, merece la alegría). Y es una magnífica inversión. No tengas ninguna duda de que vas a recuperar todo el tiempo que inviertas en ordenar y clasificar tus cosas.

Por otra parte, organizar y recolocar tu casa es una oportunidad fantástica para revisar acontecimientos y situaciones vividas. Reorganizar tus objetos te ayudará a ir clasificando también tus sentimientos y a estabilizar tu interior. Mientras ordenas, sé plenamente consciente de que —al terminar la tarea— habrás experimentado un gran cambio personal. Ten presente que, aunque no nos demos cuenta, todo lo que tenemos en nuestro hogar produce alguna reacción en nosotros y, a menudo, nos olvidamos de que los elementos influyen en nuestro estado de ánimo.

La mayoría de las veces no ordenamos porque, inconscientemente, no queremos enfrentarnos a tomar la decisión de deshacernos de algunos objetos y, de esta manera, vamos acumulando cosas innecesarias que lo único que hacen es contribuir a generar caos y desorden tanto en nuestra casa como en nuestro equilibrio personal. Analiza qué sensación te transmite cada objeto de tu casa y evalúa con honestidad la razón por la cual lo conservas. Si no contribuye a mejorar tu entorno, no debe permanecer en tu casa. Es básico eliminar de nuestra vida todo aquello que nos produzca malestar o que nos transmita malos recuerdos. Fíjate bien en cómo te sientes cuando te liberas de algo que no te conviene. Si procesas ese sentimiento, te darás cuenta de que te encuentras mucho mejor al haber conseguido alejar la mala sensación que representaba esa pieza.

Los «pongos» (es decir, todo eso que constantemente nos lleva a preguntarnos ¿dónde lo pongo?) son los que más entorpecen el orden. Si no sabes dónde ubicar algo es que, sencillamente, no tiene cabida en ningún sitio de tu casa. ¿Por qué lo mantienes? Quizá te lo ha regalado alguien a quien aprecias o alguna persona con la que no quieres quedar mal. Plantéate si es más valioso el sentimiento de esa persona que tu bienestar en tu propia viivrnda.

Calcula el espacio que ocupa en tu casa aquello que no te hace la vida más agradable. Ahora, calcula el precio del metro cuadrado de tu vivienda. ¡Te cuesta carísimo acumular cosas que no necesitas! Podrías aprovechar ese espacio para algo mucho más útil. Si crees que estoy exagerando, ponlos todos juntos y verás cuánto sitio te quitan. De hecho, resulta muy útil colocar en algún lugar de tu casa todo el desorden. Uno de los mayores errores que cometemos en el momento de ponernos a ordenar es esconder el caos. Cuando no sabemos cómo ordenar algo, solemos meterlo en un cajón o dentro de un armario y, como no lo vemos, lo único que conseguimos es acumular más desorden. Lo mejor que puedes hacer es ubicarlo donde te moleste mucho, donde más te estorbe. Así, no tendrás más remedio que ordenarlo para que deje de incomodarte verlo continuamente.

Además, piensa que le puedes sacar un rendimiento económico ya que puedes venderlos en webs de objetos de segunda mano. También puedes llevarlos a tiendas que comercializan cosas usadas que te dan el dinero en el acto.

En cuanto empieces a librarte de un montón de trastos inútiles, comenzarás a sentirte mejor contigo y, lo que es más importante: habrás dejado espacio libre para ordenar mejor las cosas que sí quieres conservar. No se trata de deshacerse de todo. Últimamente, parece que vivamos en un concurso para ver quién puede vivir con menos cosas. Ese es un error común. Pensamos que, teniendo pocas cosas, será más fácil que todo permanezca ordenado y no es así. Si las tienes mal almacenadas o mal expuestas, sentirás que vives en el caos. Debes tener las cosas que necesitas. Cada persona precisa unos objetos determinados y tiene una forma de vivir y disfrutar su casa de manera diferente. Esa es la clave: tú decides cómo vives y cómo es tu casa. Tú controlas tu casa. No dejes que ella te controle a ti.

Recuerda que tu casa es el lugar en el que debes sentirte a gusto, confortable y en paz; por lo que debes rodearte de todo aquello que te haga feliz. Olvídate de las modas y no te estreses en seguir reglas estrictas. No hay una única manera de hacer las cosas. Organiza tu hogar como te resulte cómodo a ti. Yo te daré ideas para que disfrutes tu casa, pero quien realmente sabe cómo te gustaría vivir eres tú.

La cuestión principal es no acumular objetos que no nos aportan nada. Destierra por completo de tu mente el concepto «por si acaso». Bórralo. Tenemos la manía de guardar un montón de cosas por si algún día las necesitamos y no nos damos cuenta de que, llegado el caso, seguramente compraremos lo que nos haga falta en ese momento bien porque lo que habíamos almacenado no es exactamente idóneo o porque —al haberlo tenido mucho tiempo guardado— ya no está en buen estado.

De ahora en adelante, plantéate que —cada vez que compres algo— debes tener claro dónde lo vas a colocar o para qué lo vas a usar. Así que más te vale pensarte muy bien qué pieza quieres incorporar en tu casa.

Si has llegado hasta aquí, es evidente que este es el momento adecuado para que empieces a cambiar pequeños hábitos que te ayuden a conseguir tener tu casa en orden y mantenerla ordenada sin esfuerzo. Lograrás disfrutar de tu hogar y sentirte a gusto en él.

No importa en absoluto el tamaño que tenga el lugar en el que vives. Puedes disponer de muchos metros y no saber cómo colocar las cosas o, por el contrario, puedes tener un pequeño estudio que te proporcione sensación de hogar y de armonía. Cada estancia requiere unas soluciones determinadas y las irás descubriendo a través de estas páginas. Es mucho más fácil y más divertido de lo que crees. ¿Empezamos?

*Vivienda realizada por
Adela Cabré & Son.
Foto: Mireia Rodriguez*

SALÓN - COMEDOR

◆

La zona más pública de tu casa

En la mayoría de las casas, el salón y el comedor están en la misma estancia pero aquí los voy a tratar por separado ya que cada uno debe cumplir su función. Aunque compartan ubicación, se destinan a usos muy distintos. Por ello, también debes diferenciarlos tanto con la distribución del espacio como con el mobiliario que escojas para ellos.

SALÓN

Empecemos por el salón. Normalmente, se trata de la zona más pública de tu casa. El lugar que más compartes con tu familia e invitados. Lo primero que tienes que hacer es observarlo en su conjunto desde el punto más lejano que puedas. Analiza qué uso le estás dando en la actualidad y visualiza cómo te gustaría disfrutar de él. Como ya te he dicho en la introducción, debes tener claro cómo te gusta vivir, cuáles son tus hábitos y hacer que tu hogar responda a tus necesidades. En tu casa es donde más a gusto debes sentirte; así que, empieza a preguntarte qué deseas y cuál es tu forma de vida.

«Adapta tu casa a ti, no te adaptes tú a ella»

Hace poco, la terapeuta Montse Herrera me contó el proceso que siguen en Japón para diseñar los parques y jardines. Antes de distribuir el espacio, lo dejan un mes vacío. Al cabo de ese tiempo, colocan los elementos en función de los caminos que se han formado a partir de las pisadas de las personas que han pasado por allí. De esta forma, se aseguran de que el diseño del parque será el más adecuado al uso que le han ido dando sus usuarios.

El salón suele ser la zona más transitada de tu casa. Asegúrate de que cumple los requisitos que necesitas. No tiene ningún sentido que conserves piezas y mobiliario innecesario ya que te resultará muy inoperante que tu salón esté pensado para desarrollar actividades distintas a las que tú quieres realizar.

Durante todos los años que llevo trabajando como estilista de espacios realizando las fotografías de las casas que ves en las revistas de decoración, he entrado en miles de hogares y, en muchas ocasiones, los salones no se corresponden en absoluto con la realidad de sus propietarios. ¿Para qué quieren una librería enorme si casi no tienen libros y queda medio vacía? Seguro que podrían darle un uso mucho más imaginativo a todo ese trozo de pared si lo tuvieran libre. O al revés, un lector empedernido o un coleccionista solo disponen de estanterías raquíticas donde colocar sus cosas. Plantéate que, quizá, te está resultando muy difícil disfrutar de tu salón porque no tienes los muebles y elementos necesarios para ello.

Es muy importante saber qué tienes que colocar en tu sala de estar. Pregúntate qué actividades haces en ella y, lo que es más importante, cuáles son las que te gustaría realizar. No es lo mismo organizar un salón para la vida de una familia numerosa que para una persona que vive sola o para alguien que suele tener muchos invitados. De la misma manera, es muy diferente crear el espacio de ocio de alguien al que le gusta mucho ver películas o que prefiere leer en soledad o un apasionado de los juegos de mesa. También varía mucho la distribución del espacio y la elección del mobiliario en función de la edad de los hijos que viven en la casa. La costumbre de las generaciones anteriores era mantener la casa tal y como la habían montado por primera vez. En la actualidad, tendemos a ir variándola adaptándonos a las distintas formas de plantearnos el hogar según van pasando los años y dependiendo del momento vital en el que nos encontremos. Durante el confinamiento, muchísima gente se dio cuenta de que su casa no se adaptaba en absoluto a lo que necesitaban. Esta pandemia también nos ha enseñado a vivir nuestras casas cambiando nuestro concepto de decoración y haciendo más flexibles nuestros hogares.

No me cansaré de repetirte que debes crear el entorno que te resulte más idóneo a ti. No te empeñes en seguir modas ni organices tu casa pensando en las casas que tienen los demás. Eres tú quien vive ahí y quien debe disfrutarla. Tú decides cómo hacerlo. Si estás convencido de lo que haces, te resultará muy fácil sentirte orgulloso de tu casa y compartirla con tu familia y amigos. No tiene ningún sentido que te desprendas de cosas que quieres tener cerca solo porque no sabes dónde ponerlas. Seguro que puedes ubicarlas si haces espacio para ellas.

Debes decidir cuál es tu prioridad. En el caso de que te guste reunirte con tu familia o con amigos para jugar a juegos de mesa, lo más operativo es que los tengas a mano en el salón. De lo contrario, te resultará muy pesado ir a buscarlos cada vez que queráis hacer una partida y, lo que es peor, te dará mucha pereza volverlos a guardar cuando hayáis terminado. Normalmente, las librerías tienen armarios en la zona inferior y puedes colocarlos allí. También puedes tenerlos ordenados en una caja bonita o en un baúl bajo la mesa de centro o junto a un sillón cumpliendo las funciones de mesa auxiliar. Tampoco desprecies el espacio de debajo del sofá. En multitud de tiendas encontrarás cajas con ruedas pensadas para almacenar la ropa de hogar o de fuera de temporada debajo de la cama.

Dependiendo del modelo de sofá que tengas, puedes ubicar en ellas juegos de mesa, los materiales de tus hobbies como las agujas de tejer, los hilos de bordar, piezas de construcción de maquetas, pinturas, etc. También es un buen lugar para guardar juguetes, lápices y cuadernos de colorear e, incluso fuera de temporada, los plaids y mantitas que utilizas para arroparte cuando descansas en el salón. ¡No te imaginas la cantidad de cosas que caben bajo un sofá! Una amiga mía, en un minúsculo apartamento, guardaba ahí debajo los calefactores en verano y los ventiladores en invierno bien envueltos en bolsas de plástico para que no cogieran polvo durante tantos meses.

Cuando hayas decidido qué quieres tener a mano en tu salón, quita todo lo que te estorbe. Ya le encontrarás su lugar más adelante. Recuerda también que el salón no es un lugar para dejar tiradas las cosas cuando llegas a casa. El orden es una cuestión de hábitos. Por ejemplo, ¿dónde guardas los abrigos y los bolsos? Si tienes un perchero para ellos en la entrada, acostúmbrate a colgarlos ahí en cuanto entras. No vayas al salón con el abrigo puesto porque seguramente acabará sobre el sofá y luego se te olvidará colgarlo. Si lo guardas en el armario, lo que tienes que hacer al llegar a casa es ir a tu dormitorio y colgarlo allí antes de pisar el salón. No sirve de nada que coloques un perchero en la entrada de tu casa para tener a mano los abrigos que más usas si no vas a utilizarlo.

Con los zapatos ocurre lo mismo. Solemos quitárnoslos en cuanto llegamos a casa y se quedan por el recibidor o en el salón. Si, en vez de ir directamente al sofá cuando llegas a casa, te vas al lugar en el que los guardas, no te dará pereza colocarlos en su sitio.

«El orden es una cuestión de hábitos»

Lo mismo ocurre con las bolsas de las compras. Llegas a casa con ganas de descansar y las dejas en la entrada o en el salón. Si en vez de eso, en cuanto llegas, guardas las cosas en el lugar que habías destinado para ellas cuando las comprabas ya estarán en su sitio y no contribuirán al desorden. Solo son cinco minutos. Pero, si dejas que se vayan acumulando cosas desubicadas, tardarás mucho más tiempo en colocarlas todas. Acostúmbrate a hacer las cosas en el momento. No las dejes para después. Así, podrás mantener el orden fácilmente y sin esfuerzo.

«El orden de la casa se mantiene con pequeños cambios de actitud»

 LIBROS

El exceso de libros es, probablemente, el mayor problema de los lectores empedernidos porque, aunque ya no sepas dónde meterlos, sigues comprando. ¡Lo sé por experiencia! Si tienes muchos libros, es indudable que necesitas una buena librería capaz de almacenarlos todos. Para mí, lo ideal es que la librería tenga puertas de cristal porque acumulan mucho polvo pero no hay tantas disponibles en el mercado por lo que los asiduos a la lectura nos vemos obligados a vaciar las estanterías con regularidad y limpiarlos bien.

Saca todos los libros, límpialos uno a uno y apílalos por grupos. Dependiendo de la variedad de tu biblioteca y de tus preferencias, te irá mejor clasificarlos de una manera u otra. Un amigo mío los divide por tamaños para optimizar la capacidad de su librería cuyas divisiones son de distintas medidas, mi hermana los ordena por editoriales y colecciones porque valora mucho la estética en su casa y así le quedan agrupados por colores y diseños similares de los lomos. Otra amiga mía prefiere tenerlos por autor y en orden alfabético. En mi caso, como leo géneros muy variados, prefiero reunirlos por temas: ciencia ficción, novela negra, novela histórica, chic lit, etc. Lo importante es que tengas una pauta para volver a ubicarlos. Cuando vuelvas a ponerlos en la librería, colócalos según los grupos que has definido dejando espacio para más libros. De esta manera, cuando te compres un libro, sabrás dónde colocarlo al terminar de leerlo y no lo tendrás dando vueltas por el salón sin saber qué hacer con él.

Ahora, solo te queda decidir si los almacenas en vertical o en horizontal. Estamos acostumbrados a verlos en vertical pero no tienes que adaptarte a las normas establecidas. El hecho de que suelan colocarse así no significa que sea la mejor manera. En las bibliotecas y tiendas de libros deben estar de esta forma para que resulte más fácil cogerlos de los estantes pero en tu casa no tienes porqué sacarlos continuamente. En general, una vez terminado el libro, lo dejas en la librería y no vuelves a cogerlo. Si tienes muchos libros, plantéate la idea de colocarlos en horizontal en los estantes. Poniéndolos así, leerás los títulos de la manera natural: de izquierda a derecha. Además, normalmente, en las baldas de las librerías suele sobrar mucho espacio por encima de los libros. Es un hueco inútil que casi siempre permanece vacío. Si los guardas en horizontal, aprovecharás toda la altura y te cabrán más ejemplares que si los pones de la forma habitual.

La opción de exponerlos en vertical también tiene sus ventajas. Como te he comentado antes, puedes acceder a ellos más fácilmente para revisar algo o hacer alguna consulta. La librería te quedará más ordenada visualmente si los colocas de mayor a menor altura dentro de cada categoría que has definido. Los adictos a la lectura solemos tener varios libros pendientes de lectura esperando que lleguen las vacaciones, el fin de semana o algún puente leyendo horas y horas sin parar. ¿Dónde poner esos libros para que no te molesten hasta que encuentres el momento de leerlos? Déjalos en horizontal sobre los libros ya leídos de la categoría a la que correspondan. Así, de un vistazo, sabrás si tienes mucha lectura pendiente.

Mientras los vayas separando por las categorías que has elegido, no te olvides de hacer un montón con los libros que ya no quieres conservar. Puedes venderlos en tiendas de segunda mano o donarlos a bibliotecas públicas, escuelas o residencias. En la web de Casa del Libro y Amazon puedes poner a la venta tus libros usados. También puedes apuntarte a *Bookcrossing* y dejar libros por tu ciudad para que otros los disfruten. Estas son solo unas cuantas ideas para evitar a toda costa que tires los libros, pero encontrarás muchas más.

Si después de reorganizarlos y de descartar los que ya no te interesan, no te caben todos en la librería y no tienes espacio para añadir otra, puedes colocar baldas en el perímetro del salón o a lo largo del pasillo a unos 35 cm. del techo. Otra opción es utilizar algunos libros como elemento decorativo. Los libros de gran formato quedan muy bien sobre la mesa de centro, en una mesa auxiliar o en un gran cesto en alguna parte del salón. Si tienes algunos ejemplares antiguos, átalos con cuerdas y haz un bodegón sobre alguna repisa, cualquier mueble o dentro de la chimenea si no la utilizas. Para lograr un efecto escenográfico y desenfadado, construye grandes pilas de libros en el suelo en alguna esquina.

No te limites a colocar los libros en el salón. Decora con ellos otras estancias de tu casa. Un grupo de libros bonitos quedará genial en el mueble del recibidor junto a una lámpara o la bandeja del correo. Selecciona tus títulos favoritos y ponlos en tu dormitorio. Deja también algunos en la habitación de invitados o en el aseo de cortesía si dispones de él.

Quizá te encuentres con el caso inverso. Tienes una librería enorme y muy pocos libros que colocar en ella. Es desolador ver una estantería vacía. Produce sensación de provisionalidad y de estar en un hogar deshabitado y sin alma. Siempre puedes colocar tus fotografías favoritas, exponer tus libros mostrando las portadas apoyándolos en la trasera de la estantería como si fueran pequeños cuadros y completar la decoración de tu librería con alguna planta y los objetos decorativos que mejor te hagan sentir.

Si todavía te quedan huecos, llénalos con cajas bonitas que puedes utilizar para almacenar esas cosas que nunca sabemos dónde colocar: pilas, cerillas, velas, bombillas de repuesto, herramientas, cargadores de teléfonos, tabletas y dispositivos electrónicos, etc. Puedes comprarte archivadores bonitos y almacenar tus papeles en la estantería. También te resultará muy útil ubicar una gran bandeja con las botellas de bebidas para tenerlas a mano cuando recibas invitados.

◆ FOTOGRAFÍAS

En cuanto a las fotografías que tienes expuestas, ve cogiéndolas una a una y analiza qué sentimiento te transmite. Si te da buen rollo y te pone de buen humor debes conservarla sin duda. ¿Te deja indiferente? Entonces, no es necesario que la tengas a la vista. Utiliza el espacio que ocupa para otra cosa. En muchas ocasiones, tenemos fotos que no nos aportan nada. Por ejemplo, no hace falta que conserves fotos de tu ex pareja en el salón cuando te has divorciado. Por muy buena relación que mantengas con tu ex, no pinta nada en tu salón. Piensa cuál es la causa de que siga ahí. Seguramente crees que es bueno para tus hijos. Entonces, ponla en su habitación. Será mucho más beneficioso para ellos ver la foto cada mañana y cada noche en su cuarto. Tú tienes una nueva vida. Esa persona forma parte de tu pasado y es el padre o la madre de tus hijos pero no pertenece a tu presente ni a tu futuro. Plantéate qué sentirías tú si te encontraras en el salón o en la habitación de la persona con la que compartes tu vida sentimental ahora una foto de la ex pareja en actitud cariñosa o en su viaje de luna de miel. Lo más probable es que no te hiciera ninguna gracia verla allí.

Es muy sano y de lo más recomendable terminar bien las relaciones y es genial que sean tus amigos, pero no olvides que ya no forman parte de tu entorno afectivo. Si conservas una relación de amistad con tu ex, probablemente, tengas fotografías más recientes. Utiliza esas. Sustituye la foto de tu boda con esa persona por una imagen que refleje el momento actual que estáis viviendo. No te quedes anclado en un tipo de relación que ya no es como era.

Actualmente, desde la aparición de las cámaras de fotografía digitales y de los *smartphones*, acumulamos una cantidad ingente de fotos. Aprovecho para decirte que hagas limpieza de todas las imágenes inútiles que tienes en tu teléfono. Si no te gusta cómo has quedado en una imagen, bórrala. Solo debes guardar las que te hagan sentir bien. Con las fotos en papel nos ocurre lo mismo. Solemos guardar muchas que no nos gustan ni nos recuerdan cosas felices. No estás obligado a mantener las mismas fotos toda tu vida, pero nunca nos paramos a pensarlo y vivimos años viendo las mismas fotografías sin ser conscientes de que nos afectan en el humor.

Haz algo imaginativo con las fotografías de las que quieres rodearte. Tener muchas fotografías desperdigadas por el salón con distintos marcos suele generar sensación de desorden. Cuélgalas en la pared creando una composición armónica, haz un collage con ellas y crea un gran cuadro, cubre tu mesa de centro con ellas y coloca un cristal encima para protegerlas. En algunas webs, también puedes encargar multitud de objetos con tus fotografías: puzles, tazas de desayuno, calendarios... Otras formas de tener tus imágenes favoritas a la vista sin que te quiten espacio en la librería es imprimirlas en papel magnético y utilizarlas como imanes en la nevera o encargar cojines con fotos divertidas. En muchas tiendas de lencería para el hogar y en algunas de fotografía te imprimen cojines con la imagen que les lleves. ¡Seguro que a tus hijos les encantará verse en los cojines del sofá o en los cuadrantes de su cama!

◆ OBJETOS DE DECORACIÓN

Ahora llega el turno de los objetos de decoración. Sigue el mismo ritual dividiéndolos por grupos. Coge cada objeto y decide si es necesario que continúe estando en tu salón. ¿Recuerdas en qué momento entró en tu casa y por qué razón? Cada vez que adquieras algo para tu casa debes tener muy claro dónde vas a colocarlo y para qué te va a servir. Eso no significa que solo tengas que comprar cosas útiles. La función de un objeto puede ser simplemente la de contribuir a que tu entorno sea más bonito. A partir de ahora, ten siempre esta idea en la cabeza cuando te llame la atención algo en una tienda. Si sabes en qué lugar vas a ponerlo y cuál va a ser su utilidad, cómpralo. Si

Vivienda realizada por Molins Design.
Foto: Jordi Miralles

al visualizarlo en tu casa te das cuenta de que no encaja, déjalo en la tienda. Utiliza este sistema también cuando tengas que hacer algún regalo. Piensa en sus gustos y en su estilo de decoración. Imagina dónde quedaría bien ese objeto en su hogar y para qué lo va a utilizar. De lo contrario, tu regalo se convertirá en un «pongo» para esa

persona y, en algún momento, tendrá que pasar por las mismas dudas que tú tienes ahora en el momento de decidir cuándo librarse de él.

Supongo que ya tienes interiorizado que en tu casa debes rodearte de los objetos que te gustan a ti y que no debes sentirte culpable por deshacerte de cosas que no te hacen sentir mejor ni contribuyen a embellecer tu casa. Ten presente que lo importante de recibir un regalo no es el objeto en sí; el verdadero valor reside en las manos que te lo entregan. Agradece internamente a la persona que se acordase de ti, el tiempo que dedicó a comprarlo y destierra esa pieza de tu casa. Si eso no consigue que dejes de tener remordimientos y aún sigues sufriendo por herir los sentimientos de la persona que te lo regaló piensa que, si se hubiera tomado la molestia de saber cuáles son tus preferencias, su obsequio seguiría en tu casa y ahora no tendrías que verte en esta situación.

◆ MANDOS A DISTANCIA

En el salón, generalmente, hay varias cosas que siempre estorban y desordenan. Una de ellas son los mandos a distancia ya que últimamente tenemos un montón de aparatos. Hay personas que los colocan junto al dispositivo que controlan. Recuerda que hay que volver a colocarlo junto a él cuando lo apagues. Así, siempre sabrás dónde está. También puedes ponerlos todos juntos en una bandeja en la mesa de centro. Yo prefiero tenerlos en la mesa auxiliar junto al sofá en el que suelo sentarme para evitar tener que levantarme cada vez que enciendo o apago la televisión o cualquier otro equipo. Tú decides dónde prefieres tenerlos. Lo importante es que siempre estén en el mismo sitio porque, si cada vez los dejas en un lugar diferente, te pasarás el día buscándolos por todo el salón y por los huecos de los cojines del sofá.

◆ REVISTAS Y DIARIOS

Un revistero te resultará muy útil para organizar las revistas y diarios. Cada semana o cada quince días, revísalo y tira los ejemplares antiguos al contenedor de papel. Si todavía conservas CDs y DVDs, utiliza las cajas especiales que encontrarás en el mercado. Hazte con alguna caja pequeña que puedes colocar en la estantería delante de los libros para guardar los cables, cargadores y utensilios de tus aparatos electrónicos. Ahora tienes muchísimos modelos de cajas donde escoger que seguro que encajarán en tu decoración. Valora también la posibilidad de pintar o forrar alguna que tengas y que ya no te gusta.

◈ LIMPIEZA Y ORDEN

Es muy importante que, mientras vayas clasificando las cosas por grupos, lo limpies todo a conciencia. Estás iniciando una nueva etapa deshaciéndote de todo lo que estabas acumulando innecesariamente y, para que puedas sentir mejor los efectos de esa purificación interior que estás realizando, es necesario que limpies físicamente tu entorno. Como dice mi amigo el coach cósmico Tristán Llop: «La limpieza antecede al orden, el orden a la armonía, la armonía al equilibrio y el equilibrio a la realización personal. Así que, empecemos por limpiar.»

LA ORGANIZACIÓN DEL SALÓN DE UN VISTAZO
Recuerda: rodéate de los objetos que te hagan realmente feliz.

Sofá
❱ Sirve para sentaros tú, tu familia y tus amigos, no para almacenar abrigos, bolsos, diarios y bolsas con compras. Cuando llegues a casa, coloca todas las cosas en su sitio antes de relajarte en el sofá.
❱ Aprovecha el espacio que hay debajo del sofá para almacenar objetos que utilices poco o para mantitas y plaids fuera de temporada.

Mesa de centro
❱ No la llenes con muchos objetos pequeños.
❱ Deja espacios vacíos para que te quepa una bandeja sin tener que mover muchas cosas si quieres tomar algo en el salón.
❱ Si la mesa de centro cuenta con una balda, úsala para colocar libros, juegos de mesa y las cosas que precises tener a mano. Si no tiene balda, pon una cesta o un baúl debajo de ella para aumentar la capacidad de almacenamiento de tu salón.

Libros
❭ No sólo puedes colocarlos en el salón, puedes tenerlos por toda la casa.
❭ Si los almacenas en horizontal, te cabrán más.
❭ Si no tienes espacio para incorporar una gran librería, utiliza los pasillos para instalar estanterías o coloca estantes a 35 cm del techo en el perímetro del salón.

CDs y DVDs
❭ Utiliza las cajas especiales para su almacenamiento que puedes encontrar en muchas tiendas.
❭ Sigue los mismos consejos que para el almacenaje de libros. Aunque, en este caso, no resulta práctico almacenarlos en horizontal.

Cajas
❭ Úsalas para guardar todo lo que normalmente desordena en el salón: cargadores, cables, mandos a distancia, barajas de cartas y juegos de mesa, juegos para consolas…

Prensa
❭ Hazte con un revistero para tener los diarios y las revistas en el mismo lugar evitando que estén desperdigados por el salón.

COMEDOR

Ahora que ya has hecho limpieza del salón, es el momento de pasar al comedor. Es otra de las estancias más públicas de tu casa ya que te reúnes en ella a diario con tu familia y, en ocasiones, con tus invitados.

MOBILIARIO

Es básico que cuentes con una alacena o aparador con capacidad para todos los artículos que tienes que almacenar. Resulta muy útil tener a mano las cosas que puedes necesitar cuando te dispones a comer para evitar levantarte todo el rato a la cocina. Mientras estás comiendo, tanto si lo haces solo como en compañía debes disfrutar del momento y, si lo interrumpes continuamente, no saborearás la comida. Además, resulta muy desagradable estar sentado a la mesa mientras el anfitrión no está y, si eres tú el que se va levantando te pierdes parte de las conversaciones y, al final, no sabes ni lo que has comido. Si no tienes espacio para una alacena, tendrás que guardar la vajilla en la cocina, pero quizá te quepa un pequeño mueble auxiliar para colocar las cosas que más utilices. Aplica los consejos que te doy a continuación sobre almacenaje de la vajilla y cristalería en los armarios de la cocina.

◈ VAJILLA Y CRISTALERÍA

Realizaremos la misma operación. Saca todo lo que almacenas en los muebles que tienes en el comedor y ve separando lo que realmente te gusta. Hay una pregunta infalible que te ayudará a decidir lo que vas a conservar: ¿pondrías eso en la mesa si tuvieras invitados? Si la respuesta es negativa, no dudes ni un segundo que debe ir a parar al grupo de las cosas a eliminar de tu comedor. No puedes comer con una vajilla o una cristalería de la que no te sientes orgulloso. Plantéate por qué comes tú o haces comer a tu familia con platos y vasos que no sacarías si fueran tus amigos a casa. Toda la vajilla, cristalería, cubiertos y fuentes que tengas debería poder utilizarse siempre y en cualquier ocasión. De hecho, considero que todo debe usarse por igual siempre que te apetezca. No es necesario esperar a Navidad o a alguna fecha señalada para tomarte un vino en una de tus copas favoritas. Recuerda: eres tú quien debe disfrutar de tu casa y de todo lo que haya en ella.

Lo más operativo es que vayas por partes. Empieza por la vajilla que tengas. Reúne todos los platos, fuentes, ensaladeras, soperas y demás piezas y descarta inmediatamente las que estén descoloridas, rajadas o desportilladas. Puedes utilizar esos platos en mal estado para cocinar. Si tienes que pararte mucho rato a pensar cuándo ha sido la última vez que has utilizado algo, seguramente es que no lo necesitas y es un firme candidato al montón de cosas que no volverás a guardar.

Continúa con la cristalería. Deshazte también de las copas y vasos con alguna grieta o que han perdido el brillo con el paso del tiempo quedándose blanquecinos. Aplica el mismo criterio a la cubertería. Descarta los cubiertos que se hayan quedado mates, los cuchillos que hayan perdido el filo y los tenedores que no mantengan rectos todos sus dientes. Hay gente que los conserva porque piensa que es necesario tener una docena de cada cosa y no quieren que se les quede la colección incompleta. Eso no tiene sentido, ya que nunca van a utilizar ninguna de estas piezas; así que, al conservarlas, se ocupa un espacio inútilmente. Es mejor tener la vajilla incompleta con todas las piezas que conservas en buen estado que almacenar el servicio completo pero con piezas inservibles. Realmente, ¿cuántas comidas o cenas haces para doce comensales? Y, en el caso de que tuvieras tantos invitados a la vez, siempre puedes mezclar varios tipos de vajillas, cristalerías y cuberterías. De hecho, ahora se lleva más combinar elementos que poner una mesa totalmente conjuntada.

◆ MANTELERÍAS

Por último, les toca el turno a las mantelerías. Sigue la misma pauta. Convierte en trapos todos los manteles descoloridos, descosidos, manchados o quemados.

Ahora que ya te has quedado solo con las cosas que realmente te gustan, te va a resultar mucho más agradable tener invitados y vas a disfrutar más tu casa con ellos.

◆ LIMPIEZA Y ORDEN

Tal como has hecho en el salón, lávalo todo. Mientras se secan las cosas, limpia bien la alacena por dentro y por fuera antes de proceder a colocar en ella las piezas que conservas. Lo ideal es que dispongas de cajones para la cubertería y los manteles. En el caso de que no los tengas, puedes meter algún mueble pequeño de cajones dentro del aparador o la alacena. También puedes guardar en el comedor solo el mantel que estás usando y buscar una ubicación en otro lugar de la casa para almacenar el resto de manteles. Sería fantástico que contases con un armario para ordenar tu ropa de hogar.

Para empezar a ubicar las piezas que te han quedado en el mueble de tu comedor, ten en cuenta que debes situar lo más pesado en la zona inferior y las cosas que más utilizas en la parte a la que te sea más cómodo acceder. Pon abajo las piezas que menos usas y la cristalería en los departamentos de arriba. Para optimizar el espacio y aprovechar la altura entre estantes, puedes añadir unos soportes metálicos que encontrarás en muchos establecimientos para colgar las copas por la base como tienen en muchos bares. Otra manera de conseguir colocar más piezas en el espacio que tienes es atornillar unos ganchos grandes en la parte superior y colgar en ellos las tazas.

Ve poniendo las piezas en filas para que te queden bien expuestas. Al tenerlo todo alineado y en orden te resultará mucho más fácil guardar las cosas después porque tendrán su hueco esperándolas. Trata de no apilar demasiados elementos para que no te dé pereza volver a disponerlo todo en su lugar, ya que eso contribuiría a que, en poco tiempo, tuvieras que volver a vaciar el armario para poner orden de nuevo. La clave para tener una casa ordenada es que te resulte fácil mantener el orden.

«Debe resultarte cómodo tanto coger las cosas como devolverlas a su sitio»

Imagina que el mueble no tiene puertas y lo va a ver todo el mundo. Como norma general, todos los armarios y cajones de tu casa deberían estar listos para que cualquiera los abra en cualquier momento. Pero, especialmente en el comedor, no deberías sufrir si alguien abre tu alacena. Tus invitados se sentirán mucho más a gusto si ellos mismos pueden coger lo que necesiten sin tener que molestarte a ti pidiéndotelo todo, y tú disfrutarás mucho más su compañía si no estás pendiente de ir a buscar cosas todo el tiempo.

Siguiendo esta idea, piensa que en tu comedor también puedes tener condimentos para poder añadir a la comida: un par de saleros y pimenteros para evitar que se los vayan pasando por la mesa, unas aceiteras que te gusten y, si te caben, pon en un cesto algunas salsas que no precisen nevera, como mostaza, kétchup o salsa de soja. También es conveniente que tengas azúcar para el momento del café. En los supermercados, puedes comprar azúcar blanco y moreno en terrones o en sobres. Colócalos junto a la sacarina en pequeños botes sobre una bandeja o en una cesta; así la sacarás cómodamente a la mesa en los postres. No te olvides de tener a mano algunas servilletas de papel. Ahora, encontrarás muchas bonitas y de tacto agradable en cualquier establecimiento. Te resultarán muy útiles para evitar que se te manchen demasiado las servilletas que hacen conjunto con el mantel (eliminar las manchas de pintalabios de las servilletas es una pesadilla) o para limpiar rápidamente cualquier cosa que se caiga. Es necesario que disfrutes de tu casa y de tus amigos evitando que pases nervios.

En este sentido, ten en cuenta que, si te complicas mucho la vida, te resultará muy difícil sentirte a gusto en tu casa y siempre tendrás la sensación de que tu hogar te esclaviza. Por ejemplo, no decores tu mesa de comedor con muchas piezas pequeñas porque te resultará incómodo quitarlas todas para poner la mesa y volverlas a colocar cuando la hayas recogido. Es mucho más fácil retirar un par de piezas grandes siempre que no las escojas muy pesadas, claro. Ten previsto un sitio para ubicar la decoración de tu mesa cuando la quites para comer. Deja un espacio vacío en cualquiera de los muebles de tu comedor, o incluso en la mesa de centro o librería, para colocar estos objetos decorativos mientras utilizas la mesa para comer.

Si tienes espacio en tu comedor, siempre puedes incluir alguna pieza que te facilitará tanto el almacenaje como la organización de tus comidas o cenas. Por ejemplo, un carrito te solucionará contar con una superficie extra para situar en él la panera, el agua y demás elementos que no suelen caber en la mesa cuando tienes muchos comensales. También puedes añadir un mueble bar para ordenar la cristalería.

◆

LA ORGANIZACIÓN DEL COMEDOR DE UN VISTAZO
Recuerda: debe resultarte fácil poner y quitar la mesa para comer.

❱ No coloques muchos objetos pequeños ni muy pesados para adornar la mesa del comedor. Te dará pereza quitarlos para poner el mantel y devolverlos a su sitio cuando acabes de comer.

❱ Deshazte de todo lo que esté roto o en mal estado. Si no los vas a usar es una tontería que ocupen un espacio que puedes destinar a otra cosa.

❱ Elimina cualquier pieza que no te atreverías a poner en la mesa cuando tengas invitados.

❱ Almacena las piezas de vajilla pesadas y voluminosas en la zona inferior de los muebles. La cristalería, siempre arriba.

❱ Pon en la altura que te resulte más cómoda las piezas que uses más a menudo.

❱ Puedes aumentar la capacidad de tus muebles colocando soportes de metal para colgar las copas boca abajo y ganchos para colgar las tazas.

❱ Si no puedes almacenar la vajilla en el comedor, guárdala en la cocina.

❱ Si tampoco tienes espacio para guardar los manteles en esta estancia, colócalos con la ropa de casa.

◆

Vivienda realizada por Sandon

COCINA

◆

La receta
de la organización

L a cocina suele ser uno de los lugares de la casa en el que pasamos más tiempo y, además, es la estancia en la que se genera más desorden y suciedad. Siempre vamos con prisas y, al acabar de cocinar, se nos hace una montaña recoger y limpiar todos los utensilios y productos que hemos utilizado.

Si aprendes a optimizar el espacio y aprovechas el orden para ahorrar tiempo y esfuerzo, te resultará mucho más fácil mantenerla siempre pulcra. Adoptando algunos pequeños hábitos y siguiendo las pautas que te indico en este capítulo, te costará muy poco mantenerla en orden.

La distribución ideal de la cocina es ubicar en triángulo las tres zonas de trabajo:

— Almacenamiento (armarios, despensa y nevera)
— Preparación y limpieza (zona de aguas)
— Cocción (zona de fuegos y sus utensilios)

Cada una de ellas debe estar ubicada en el vértice de un triángulo imaginario en tu cocina para simplificar el tiempo de preparación de las comidas y ayudarte a tenerlo todo organizado siempre.

ZONA DE ALMACENAMIENTO. ARMARIOS

◆ VAJILLA

Si no tienes espacio para la vajilla y la cristalería en el comedor, deberás dejar espacio para ellos en la cocina. Como siempre, empezaremos por decidir qué piezas vas a mantener y cuáles vas a desechar. Saca toda la vajilla y la cristalería que tengas y colócala en una superficie que te resulte cómoda para ir seleccionándola. Puedes realizar esta operación en la mesa del comedor o en la misma cocina si dispones del espacio necesario.

A estas alturas del libro espero que ya tengas claro que debes deshacerte de todas las piezas que estén dañadas o en mal estado. Revisa el proceso de selección de la vajilla que te expliqué en el capítulo del comedor. Recuerda que no debes conservar nada que no te atrevas a poner en la mesa cuando tienes invitados. Si algo está en buen estado pero no te gusta, puedes utilizarlo para cocinar. Personalmente, prefiero no usar para rebozar, macerar o manipular los alimentos crudos los mismos platos y cubiertos con los que voy a comer. También puedes utilizar esos platos que no quieres usar en tu mesa para apoyar los utensilios mientras estás cocinando o para dejar las mondas de las verduras al pelarlas. Así evitas ensuciar la encimera, con lo que te ahorrarás tener que limpiarla. Al acabar de cocinar, metes el plato en el lavavajillas y tu cocina estará impecable.

Cuando tengas claro qué vas a conservar, vacía el armario que esté lo más cerca posible del fregadero y el lavavajillas. De esta manera, te resultará mucho más cómodo guardarlo, ya que tendrás que dar menos pasos para colocarlo. Limpia a conciencia ese armario antes de situar las cosas en él.

La vajilla suele ser más pesada que la cristalería, por lo que es mejor que la ubiques en los armarios bajos y dejar los superiores para vasos y copas. Generalmente, se usan más a menudo los platos llanos y los de postre. Mi consejo es que los almacenes en las baldas que tengas más a mano para no tener que agacharte cada vez que necesites coger uno. Puedes poner las fuentes, soperas y salseras en la zona inferior de los armarios. En cualquier caso, recuerda que no es aconsejable apilar demasiadas cosas, ya que te costará más sacarlas o guardarlas si tienes que quitar varias piezas de encima, y te arriesgas a dejarlas en la encimera pensando que ya lo harás más adelante.

◆ CRISTALERÍA

En cuanto a la cristalería, resulta más operativo que dispongas de vasos apilables para optimizar el espacio de los armarios y, si los guardas boca abajo, se ensuciarán menos. Si no puedes apilarlos, coloca planchas de metacrilato sobre la primera fila de vasos para situar otra fila encima de la plancha. Aprovecha aún más el espacio del armario instalando soportes de metal para colocar las copas colgándolas por la base.

> **«Si no puedes apilarlos, coloca planchas de metacrilato sobre la primera fila de vasos para situar otra fila encima de la plancha»**

Para los juegos de café, algunas personas apilan todos los platillos juntos y luego amontonan las tazas sobre ellos. Esta forma de guardarlos es muy incómoda porque te obliga a sacar todas las tazas para coger los platos. Te propongo dos sistemas más útiles de almacenaje. Si dispones de espacio suficiente, resulta muy cómodo colocar la taza boca abajo en su plato correspondiente y, sobre la base de la taza, situar otro plato con su taza correspondiente boca abajo. De este modo, sacarás las tazas que necesites con su plato. Otra manera de guardar los juegos de café es atornillar ganchos en la parte superior del estante, colgar las tazas por el asa y disponer todos los platos apilados debajo de ellas. Este es un sistema idóneo para guardar las *mugs;* es decir, esas tazas grandes que no tienen plato a conjunto. Actualmente, se han vuelto a poner muy de moda gracias a sus diseños con divertidos dibujos y mensajes.

◆ CUBERTERÍA

La cubertería te ocupará mucho menos lugar si cuentas con un cubertero. Te ayudará a tenerla bien clasificada y eso también te ahorrará tiempo en el momento de poner la mesa. En cualquier tienda especializada en menaje para el hogar o en un bazar encontrarás cuberteros de dos pisos en los que te cabrá una cubertería completa de doce servicios en un pequeño espacio.

◆ RECIPIENTES DE PLÁSTICO

¿Eres de esas personas que siempre tiene los recipientes de plástico desparejados? ¿También piensas que es absolutamente imposible que coincidan el número de tapas con los recipientes que tienes? Pues la solución a tu problema es tan fácil como guardarlos con su propia tapa colocada. Te ocuparán algo más de espacio, pero no perderás el tiempo buscando la tapa que encaje. Para mí, es igual de importante optimizar el espacio y el orden que ahorrar tiempo, ya que, cuanto menos tardes en hacer las cosas, más fácil será que disfrutes las tareas de casa.

◆ DESPENSA

Una vez más, vacía tu despensa y colócalo todo sobre una gran superficie para clasificarlo. Divídelo en grupos por tipos de alimentos:
— Pastas, arroces, harinas y legumbres.
— Conservas de pescado.
— Conservas cárnicas.
— Conservas de verduras.
— Salsas.
— Líquidos y bebidas.
— Verduras, hortalizas y frutas.

Cuando tengas la despensa limpia, es importante que decidas dónde vas a poner cada grupo de alimentos. Debes mantener siempre el espacio de cada producto. Así, de un simple vistazo, sabrás siempre qué necesitas comprar. Como norma general, no hace falta que tengas más de un paquete de repuesto de cada cosa para no acumular innecesariamente. Para evitar que adquieras más cosas de las que necesitas y te olvides las importantes, haz siempre una lista de la compra. Ponla a la vista de todos para que tu familia pueda añadir los productos que le hacen falta. Por ejemplo, puedes colocar una pizarra decorativa en tu cocina o pintar un trozo de la pared con pintura de pizarra. Cuando salgas a hacer la compra, le haces una foto con tu *smartphone* y, así, te ahorras tener que copiarla. Si prefieres simplificar al máximo, te bastará un papel en la nevera sujetado con un imán. Ten cerca un rotulador o lápiz, ya que los bolígrafos no van muy bien para escribir en vertical.

Ten en cuenta que deberás colocar los productos que más utilizas (pasta, arroz, harina, azúcar, café…) en la zona que te sea más fácil acceder y, si la puedes tener a la altura de los ojos, sería fantástico.

Lógicamente, los productos más pesados (agua, leche, aceite y bebidas en general) deben ir en la zona inferior de la despensa. Reserva los estantes superiores para pequeñas latas de conservas.

Es muy aconsejable que, cuando abras un paquete de arroz, harina o macarrones, por ejemplo, lo guardes en un recipiente hermético de cristal. Los recipientes de plástico pueden acabar cogiendo malos olores y, además, los frascos de cristal no se deforman si los lavas en el lavavajillas. Para que consigas organizar tu despensa perfectamente, todos los frascos deberían tener la misma forma, ya que podrás apilar uno encima de otro. Si los escoges cuadrados, aprovecharás mucho más el espacio. Necesitarás tres tamaños diferentes: grandes para pastas, medianos para harina o azúcar y los más pequeños para frutos secos, por ejemplo.

 **«Para que consigas organizar tu despensa perfectamente, todos los frascos deberían tener la misma forma, ya que podrás apilar uno encima de otro»**

Te recomiendo que recortes las instrucciones de cocción que vienen en los paquetes y las pegues en el frasco con cinta adhesiva transparente. Si te gustan las manualidades, diseña tus propias etiquetas incluyendo las características de cada producto y cuándo caducan. Otra cosa que debes tener en cuenta es que, cuando te quede poca cantidad de algo en el bote, no lo rellenes con el contenido de un paquete nuevo, ya que, seguramente, tendrán fechas de caducidad distintas.

También es importante que coloques las cosas poniendo las que tardan más en caducar al fondo y dejes delante las que caducan antes. Cuando guardes el paquete o la lata de repuesto, fíjate bien en las fechas. Hay productos y conservas que tienen una duración muy larga y, en ocasiones, puede ocurrir que el producto que acabas de comprar caduque antes que el que tenías en la despensa.

En cuanto a las frutas, verduras y hortalizas que no precisen nevera, almacénalas en un lugar fresco y aireado. Puedes utilizar cualquiera de los carritos o cajoneras de rejilla que hay en el mercado o colocarlas en cestos sobre la encimera si tienes espacio o colgándolos de alguna barra. Ten en cuenta que las patatas son muy sensibles a la luz del sol. Guárdalas en algún sitio a la sombra ya que, de lo contrario, adquirirán una tonalidad verde.

◆ NEVERA

En la nevera, es importante mantener un orden para conseguir que te quepan más cosas y para conservar mejor los alimentos evitando que tires comida innecesariamente.

En el interior del frigorífico hay diferentes temperaturas y debes tenerlas en cuenta para saber dónde almacenar cada producto.

Siguiendo este criterio, coloca la carne, el pescado y los alimentos perecederos en el estante inferior, ya que es el punto más frío, pues está a unos 2 grados de temperatura aproximadamente. Justo debajo, se encuentra el cajón de las verduras que alcanza los 10 grados. Piensa que no todas las frutas y verduras precisan guardarse en la nevera; de hecho, algunas como los tomates, judías verdes, calabacines, pepinos o las frutas tropicales pierden cualidades nutritivas si las almacenas en frío.

El estante intermedio suele estar entre 4 y 5 grados. Es el lugar idóneo para productos lácteos, huevos, embutidos o sobras de comida cocinada. Personalmente, soy más partidaria de congelar lo que te haya sobrado de un guiso. Generalmente, los restos de comida que colocas en la nevera en recipientes de plástico se acaban tirando, mientras que, si los congelas, te sacarán de un apuro el día que no hayas tenido tiempo de cocinar. A mí me funciona muy bien congelarlos en raciones individuales ya que , de esta manera, cuando te haga falta, descongelas la cantidad que necesitas según el número de comensales que tengas y no tiras comida pues, una vez descongelado, no puedes volverlo a congelar.

La temperatura del estante superior es de unos 8 grados, por lo que ahí puedes colocar las latas de refrescos. Por cierto, cuando repongas las bebidas en la nevera recuerda colocar las nuevas al fondo y dejar las que ya están frías en primera fila.

Todo lo que sitúes en la puerta estará a una temperatura de entre 10 y 15 grados. Lo más habitual es que ubiques el agua y cosas que no requieran mucho frío. Ten en cuenta que, al abrirla y cerrarla, todo lo que esté en la puerta sufrirá cambios de temperatura. Por este motivo, no deberías tener ahí productos lácteos como leche, mantequillas, etc.

Antes de colocar un alimento, valora si es necesario que lo guardes en la nevera, ya que no conviene llenar el frigorífico en exceso, pues la temperatura se verá afectada si el aire no circula. Por ejemplo, guardar el pan de molde en la nevera es un error común porque lo cierto es que se estropea antes con el frío. Como curiosidad te diré que los plátanos se vuelven negros a baja temperatura, por lo que es más aconsejable que los mantengas fuera en algún frutero.

Resulta muy aconsejable que guardes las cosas en recipientes de plástico o de cristal con tapa para poder apilarlos y optimizar el espacio. Además, conseguirás mantener la nevera limpia por más tiempo ya que, cuando los vacíes, cualquier resto se quedará ahí y no en los estantes. No es necesario que te gastes un dineral en recipientes de plástico, pues es mejor que los vayas cambiando a menudo porque se estropean bastante y, si los metes en el lavavajillas o en el microondas, se van deformando y acaban por no cerrar bien. En cualquier bazar los encontrarás de todos los tamaños que puedas necesitar. Si los escoges cuadrados o rectangulares aprovecharás más las superficies de la nevera. Una buena idea es que diferencies por el color de las tapas el tipo de alimento que contienen. Ten en cuenta que, si guardas carne, pescado o cualquier otro producto que pueda soltar jugo, es muy útil utilizar un recipiente con una rejilla en el fondo para que el líquido quede separado del alimento.

«Una buena idea es que diferencies por el color de las tapas del recipiente el tipo de alimento que contienen»

Otro de los hábitos que debes incorporar es dejar enfriar los alimentos cocinados antes de introducirlos en la nevera pues, además de interferir en el buen funcionamiento del frigorífico, puede alterar la temperatura interna del electrodoméstico y contaminar los alimentos que tienes almacenados. Y, si aún no estás convencida de la importancia de esperar a que las cosas estén a temperatura ambiente, piensa que el vapor que desprende algo caliente también contribuye a que la nevera se impregne de malos olores que cuesta mucho eliminar.

CONGELADOR

Lo más operativo para saber siempre dónde has guardado las cosas es que decidas qué tipo de alimentos vas a colocar en cada cajón. Puedes destinar uno a pescado, otro a carnes y otro a hielo y postres. También puedes dividirlos por alimentos crudos, productos cocinados y el tercero a las cosas más sensibles a los olores como el hielo, el pan y los helados y dulces. Si te sobra espacio en este último cajón, puedes colocar jarras y vasitos de chupitos. Si los pasas previamente por el grifo antes de meterlos en el cajón, se quedarán perfectos para mantener las bebidas bien frías cuando las sirvas.

En el congelador te recomiendo que guardes los alimentos en recipientes de plástico y no te olvides de colocar una etiqueta con lo que contiene y la fecha en la que lo has congelado.

Para el buen mantenimiento del congelador es muy importante que lo descongeles cuando veas que empieza a haber un poco de escarcha. El exceso de hielo dificulta la correcta actividad del electrodoméstico, impide que cierren bien los cajones y te quita espacio para almacenar.

LA ORGANIZACIÓN DE LA ZONA DE ALMACENAMIENTO DE UN VISTAZO
Recuerda: optimizando el espacio de almacenamiento ahorrarás tiempo y esfuerzo.

Armarios

❯ Si tienes que guardar la vajilla en la cocina, colócala en el cajón o armario más cercano al fregadero y el lavavajillas.

❯ La vajilla es más pesada que la cristalería, por lo que debes ubicarla en los armarios bajos y dejar los superiores para los vasos y las copas.

❯ Los platos llanos y los de postre son los que más se utilizan. Ponlos en el estante en el que tengas un acceso más práctico.

❯ No apiles demasiadas cosas.

❯ Si tus vasos no son apilables, coloca una plancha de metacrilato entre las dos filas de vasos.

❯ Aprovecha más la capacidad del armario instalando unos soportes metálicos para colgar las copas por la base.

❯ Atornilla ganchos en la balda superior para colgar ahí las tazas y *mugs*.

❯ Organiza tu cubertería y los utensilios de cocina en cuberteros.

❯ Almacena los recipientes de plástico con su tapa colocada para no perder el tiempo buscándola.

Despensa

❯ En la despensa, divide los alimentos por grupos y destina siempre el mismo espacio para cada producto.

❯ Es preferible que utilices frascos de cristal de tres tamaños.

❯ Coloca las cosas que caducan antes delante.

Nevera

❯ En la nevera, ubica siempre los productos en el mismo lugar para saber de un vistazo qué debes reponer.

❯ No llenes demasiado la nevera.

❯ Al reponer los alimentos y bebidas, coloca delante los que ya estaban fríos.

❯ Descongela el congelador en cuanto haya un poco de escarcha.

◾ ZONA DE AGUAS: PREPARACIÓN Y LIMPIEZA

Este área de la cocina es la que rodea el fregadero y, en el caso de que dispongas de él, el lavavajillas. Aunque tengas una cocina muy pequeña, te aconsejo que hagas todo lo posible por instalar un lavavajillas. Seguro que le encuentras un lugar a uno de medidas reducidas. Te hará la vida más cómoda, la vajilla se queda mucho más limpia y ahorras agua. A pesar de lo que te digan las marcas de lavavajillas en los anuncios, enjuaga un poco las piezas antes de meterlas en el electrodoméstico si no quieres que te quede impregnado de mal olor. Si lo haces así, te evitarás tener que desmontar el filtro cada dos por tres para eliminar restos de comida.

En la zona de aguas es donde limpias y preparas los alimentos para cocinarlos. Junto al fregadero, deberías tener los distintos estropajos para piezas delicadas, vajilla y los más resistentes para sartenes y cacerolas. Lo más adecuado es que los coloques en un recipiente con rejilla o agujeros en la base para que drene el agua. De lo contrario, se quedará empapando los estropajos y cogerán mal olor. También tendrías que disponer de un escurre vajillas. Si tu cocina es de tamaño reducido, puedes optar por uno plegable para guardarlo cuando no lo necesites o dejar secar las piezas sobre una bandeja de plástico con un tapete escurre vajillas que venden en todos los supermercados.

Te comparto un hábito que yo hago para cuidar mis manos y mis uñas: tengo un dosificador de jabón de manos para que no se me resequen al lavármelas con el jabón de la vajilla. Te aconsejo también que compres unas piezas de metal que venden en tiendas especializadas que eliminan simplemente con agua el mal olor de las manos cuando manipulas ciertos alimentos como ajos o pescado.

Generalmente, debajo del fregadero hay un armario para guardar los productos de limpieza. Vacíalo por completo y límpialo a conciencia. Para evitar que se estropee debido a la pérdida o goteo de líquido de algún producto, es aconsejable colocar un protector de plástico en la base. Puedes encontrarlos en bazares y tiendas especializadas en el hogar. Cuando se ensucie, lo tiras y pones uno nuevo. Como ya te he dicho varias veces, mantener tu casa limpia y ordenada no tiene por qué requerir de mucho esfuerzo por tu parte. Es cuestión de cambiar pequeños hábitos.

◆ PRODUCTOS DE LIMPIEZA

Junto al armario de debajo del fregadero suele estar el lavavajillas, por lo que te resultará más cómodo colocar ahí la caja de las pastillas de detergente. Pon el abrillantador y la sal detrás de las pastillas, ya que los gastas menos. Al fondo, coloca los productos que menos utilices,

*Cocina realizada por
Rodes Arquitectura y Diseño.
Foto: Germán Cabo*

como los limpiametales y el paquete de repuesto de papel de cocina, por ejemplo. Deja la primera línea para los productos que usas con más frecuencia. Para aprovechar más el espacio, puedes pegar pequeñas perchas adhesivas en los paneles laterales del armario. Cuelga en estas perchas los repuestos de los estropajos, guantes de fregar, bolsas de basura y demás cosas pequeñas. En el interior de este armario, también puedes colocar un recipiente para agrupar las bolsas de plástico del supermercado. Anúdalas para que ocupen menos espacio y te sea más fácil cogerlas. Seguro que en YouTube has visto varios tutoriales sobre cómo plegarlas, pero a mí no me merece la pena invertir tiempo en esto.

«**Para aprovechar más el espacio, puedes pegar pequeñas perchas adhesivas en los paneles laterales del armario**»

Al igual que en el caso de los alimentos, es suficiente con tener un solo bote de repuesto de cada producto. No almacenes más de lo necesario. Acostúmbrate a comprar el repuesto en cuanto se esté terminando el que estás utilizando. Así, te asegurarás de que siempre tienes los productos de limpieza que necesitas. Si esperas a comprar el repuesto más adelante, es posible que se te olvide y te encuentres con que no lo tienes en el momento menos oportuno.

CUCHILLOS Y TABLAS DE CORTAR

En la superficie de trabajo que se encuentra junto al fregadero es donde solemos pelar, cortar y limpiar los alimentos para poder lavarlos. Ahí es donde debes ubicar las tablas de cortar y los cuchillos. Para que puedas disponer del mayor espacio posible para manipular los alimentos, te recomiendo que cuelgues las tablas de cortar y los cuchillos en la pared. Personalmente, prefiero las tablas de plástico a las de madera, ya que las primeras puedes meterlas en el lavavajillas. Cuando acabo de cortar, la enjuago, la pongo a lavar y no se me acumulan las cosas por fregar cuando termino de cocinar. Por esta razón, tengo varias tablas. No ocupan mucho espacio en la cocina y siempre tengo alguna limpia sin necesidad de ponerme a fregarla cada vez que la uso. Puedes comprarlas de distintos colores para distintos alimentos.

◆

LA ORGANIZACIÓN DE LA ZONA DE PREPARACIÓN Y LIMPIEZA DE UN VISTAZO

Recuerda: en la cocina, la higiene es imprescindible.

❱ Antes de cocinar, prepara todo lo que necesites.
❱ Si te acostumbras a cortarlo todo sobre las tablas de cortar y pelas las verduras sobre platos, mantendrás la encimera impecable.
❱ Aprovecha el espacio del armario de los productos de limpieza colgando algunas cosas pequeñas en perchas adhesivas.
❱ Protege la base del armario con una lámina de plástico.

◆

◼ ZONA DE COCCIÓN

A muchas personas les incomoda bastante tener los cuchillos de cocina colgados en una plancha imantada en la pared. Puedes tenerlos en un rincón de la encimera en un soporte especial para ellos o guardarlos en uno de los cajones. También te recomiendo usar un cubertero para organizar los utensilios de cocina: peladores de verduras, abrebotellas, sacacorchos, etc. Ahí también puedes colocar los cubiertos que utilices para cocinar. Como ya te he dicho antes, puedes destinar los cubiertos que no te gustan para manipular alimentos crudos y cocinar. Procura no utilizar los mismos que usas para comer.

◆ ESPECIAS

Cerca de los fuegos también conviene que tengas las especias. Si puedes ubicarlas dentro de un armario o cajón, se ensuciarán menos que si las tienes sobre la encimera o en la pared, ya que no se llenarán de salpicaduras y grasa. Si el único sitio del que dispones para colocarlas es junto a los fuegos en la encimera, acostúmbrate a limpiar el bote con un trapo cada vez que lo utilices. Mientras esperas que algo termine de cocinarse, también puedes aprovechar el tiempo limpiando todos los botes de especias. Puedes guardar en la despensa las de repuesto, pero te resultará mucho más cómodo tener a mano las que estás usando.

◆ CACEROLAS Y SARTENES

Ahora les toca el turno a las cacerolas, sartenes y demás utensilios de cocina. Reúne todos los que tengas y repite la operación de siempre para decidir cuáles conservas. Repasa bien el interior ya que, si el revestimiento está arañado, resulta tóxico. Todas aquellas piezas en las que se pegue la comida cuando cocinas son candidatas perfectas al montón de las cosas que no volverán a los armarios.

Limpia a conciencia el armario o los cajones que hayas destinado a guardar las cacerolas, sartenes y bandejas para el horno. Te recuerdo que no debes apilar demasiadas cosas para que no te resulte incómodo sacarlas para cocinar y volver a guardarlas cuando estén limpias.

Hay unos soportes para las sartenes que son muy útiles para poder almacenarlas en columna. Si no lo tienes, deberías poner papel de cocina entre una sartén y otra para evitar que se arañen en el interior. En cuanto al almacenaje de las cacerolas, te resultará más cómodo colocar la tapa boca abajo sobre la cacerola y situar otra encima. De esta manera, cuando la cojas, tendrás la tapa correspondiente junto a la cacerola y no tendrás que perder el tiempo poniéndote a rebuscar qué tapa va con la que acabas de coger. Una vez más, no apiles muchas.

En muchas casas que visito, observo que utilizan el interior del horno para guardar sartenes y bandejas. Si sueles cocinar cosas en él, es un error que lo hagas, ya que, cada vez que vayas a usarlo, tendrás que sacarlo todo y dejarlo por medio de la cocina hasta que se enfríe el horno y puedas volver a poner las cosas dentro.

❖ PEQUEÑOS ELECTRODOMÉSTICOS Y ACCESORIOS

Si te queda algún armario disponible, te aconsejo que coloques en él los pequeños electrodomésticos que menos utilices. No tiene ningún sentido que metas la tostadora si haces tostadas cada mañana, pero sí puedes meter en un armario o colocar encima de los armarios superiores las cosas que utilices esporádicamente como la *fondue* o la centrifugadora de ensalada, por ejemplo.

En muy importante que tengas claro que no es más limpio el que más limpia, sino el que menos ensucia. Aquí tienes algunos trucos que te ayudarán a que no se te acumulen las tareas de limpieza:

Cuando cocines, ve metiendo en el lavavajillas o fregando lo que ya no utilices. Así, al terminar, ya tendrás la cocina recogida.

En cuanto se te caiga algo en la encimera, recógelo con papel de cocina. Las manchas resecas son mucho más costosas de eliminar.

Limpia los botes de especias y lo que tengas cerca de los fuegos mientras esperas a que algo termine de cocinarse.

Lava en el lavavajillas regularmente las rejillas de la campana extractora.

❖

LA ORGANIZACIÓN DE LA ZONA DE COCCIÓN DE UN VISTAZO

Recuerda: no es más limpio el que más limpia, sino el que menos ensucia.

❭ Si cuelgas las tablas de cortar, los cuchillos y los coladores en la pared, ganarás espacio de almacenaje y en la encimera.
❭ No utilices el horno de almacén de sartenes y bandejas de cocción.
❭ Guarda los pequeños electrodomésticos en los armarios o sobre ellos para que no te quiten espacio de trabajo en la encimera.

Vivienda realizada por Egue y Seta,
Foto de Vicugo Studio

◆

Te mereces un descanso

Una de las cosas que da peor impresión al entrar en una casa es ver la cama deshecha, ya que da una gran sensación de dejadez. Piensa también en el simbolismo de hacer la cama. Debes dar por finalizado el ciclo del descanso y lanzarte a disfrutar del nuevo día que tienes por delante. Por lo tanto, tener la cama sin hacer te transmite la impresión de que necesitas descansar más y que puedes volver a meterte en la cama en cualquier momento. Sin darte cuenta, irás a medio gas todo el día.

Llegar a casa y encontrarte tu cama revuelta te lanza el mensaje de que tu casa te está controlando, y eso hace que, inconscientemente, pienses que tener bien tu hogar es una labor imposible. Si te metes a dormir en la cama deshecha, la idea de que tu casa está mal hagas lo que hagas, te impedirá descansar.

La verdad es que, a veces, da pereza hacerla. Hay días en los que vamos muy pillados de tiempo, pero reconoce que, realmente, se hace en un momento. Todas las mañanas tenemos algunos minutos en los que perdemos el tiempo y podrías aprovecharlos para hacer la cama. Por ejemplo, ¿qué haces mientras esperas a que el agua de la ducha alcance la temperatura que quieres? La mayoría de personas me dicen que se plantan delante de la ducha mirando el agua caer y metiendo la mano debajo de la alcachofa de vez en cuando. Si es tu caso, optimiza ese tiempo haciendo la cama. Otro ejemplo: a casi todo el mundo le fastidia tener que esperar a que se absorba la crema corporal para poder vestirse y van de aquí para allá en albornoz o ropa interior. Pues ese es otro gran momento para dejar la cama hecha. Toma conciencia de la cantidad de tiempo que pierdes por las mañanas y cuánto puedes avanzar en tu casa. Escoge cuándo puedes aprovechar el tiempo y haz tu cama cada día en ese rato. Es sabido que, tras 21 días de seguir una nueva conducta, esta se convierte en hábito.

«Nunca salgas de casa sin hacer la cama»

Por otro lado, es importante que recuerdes que la función principal de tu dormitorio es favorecer el descanso. Muchas veces nos olvidamos de este punto tan importante y tratamos de meter en el dormitorio las cosas que no sabemos dónde ubicar.

Una vez más, debes analizar qué elementos te proporcionan paz y tranquilidad para poder crear una atmósfera propicia para que te resulte más fácil dormir plácidamente y despertarte con la energía suficiente para afrontar el día.

«El dormitorio debe estar pensado fundamentalmente para descansar»

Supongo que ya sabes por dónde tienes que empezar. Selecciona todos los elementos en tres categorías:

— Los que quieres que estén presentes en tu dormitorio.

— Los que quieres conservar pero no encajan en un entorno de relax.

— Los que ya no tienen lugar ni en tu dormitorio ni en ningún otro sitio de tu hogar.

Cuando tengas claro qué piezas quieres que permanezcan en tu habitación, colócalas en el lugar que hayas escogido para ellas. Piensa cuidadosamente qué quieres ver al abrir los ojos cada mañana.

En este sentido, es necesario que reflexiones sobre la influencia de los colores en tu inconsciente y en tu ánimo. Valora qué sentimientos necesitas potenciar en tu dormitorio y utiliza la cromática adecuada. Si quieres salirte del típico blanco, beige o arena que suelen asociarse a entornos de relax en los dormitorios, puedes optar por otros tonos que también favorecerán tu descanso. La gama de los azules te ayudará a crear un ambiente de tranquilidad y seguridad. Los verdes, al estar relacionados con la naturaleza, contribuyen a favorecer el sueño y la relajación. Los violetas se vinculan a los estados más místicos de la mente, por lo que también te proporcionarán la paz que deseas.

Para que puedas ubicar tus objetos favoritos debes tener en cuenta qué piezas de mobiliario necesitas en función de tus necesidades. Vamos a tratar cada mueble de la habitación para que te sea más fácil mantener tu dormitorio siempre en orden.

LA CAMA

Es el elemento principal y el que ocupa más espacio. Es recomendable que le coloques algún tipo de cabecero. En primer lugar, te quedará la habitación más bonita y «acabada», pero, además, tendrás la sensación de estar más protegida y te ayudará a delimitar tu área de descanso. Si te gusta leer en la cama, te resultará mucho más agradable apoyarte. Escoge un cabecero que te resulte cómodo para ello.

Si cuentas con poco espacio de almacenaje en tu casa, te aconsejo que te hagas con una cama con cofre para que puedas tener ordenada la ropa de cama, aunque lo ideal sería poder disponer de un armario en el que puedas colocar toda la ropa de hogar perfectamente ordenada.

Si no tienes cama con cofre, puedes adquirir cajas específicas para guardar objetos debajo de la cama. Lo más útil es que las adquieras con ruedas para que te sea más cómodo sacarlas. Ten en cuenta qué

Vivienda realizada por Coblonal Interiorisme. Foto: Heidi Cavazos

vas a guardar debajo del lugar en el que duermes. Te aconsejo que no utilices ese espacio para guardar trastos desordenados. Y mucho menos zapatos. Piensa que los zapatos pisan toda la suciedad de las calles. Seguramente no descansarás sabiendo que estás encima de algo sucio. Sin embargo, es el lugar ideal para tener a mano tus colchas, rellenos de fundas nórdicas, ropa de casa y ropa fuera de temporada.

ROPA DE CAMA

Lo más aconsejable es que te fijes, al menos, un día de la semana para cambiar las sábanas. Así, tienes siete días por delante para tenerlas limpias y guardadas. Por norma general, cambiar las sábanas una vez por semana es suficiente, pero —como siempre— debes analizar con qué hábitos te sientes más a gusto. Quizá prefieras cambiarlas más a menudo. Si es así, realiza los cambios de ropa de cama siempre en los mismos días de la semana.

Piensa que, para no sufrir con las lavadoras ni con los imprevistos, necesitas tres juegos de sábanas para cada cama: el que tienes en uso, el de repuesto y uno extra por si no te ha dado tiempo de tener limpio y seco el de repuesto en el caso de que se te manche accidentalmente el que estás utilizando. Sé que ahora resulta muy impopular acumular cosas, pero, en mi opinión, tener solo dos juegos «de quita y pon» como los llamamos popularmente es un error, ya que te obliga a lavar corriendo las sábanas que acabas de quitar para tenerlas listas lo antes posible y eso te convierte en esclavo de tu casa. Yo prefiero tener la seguridad de saber que siempre dispongo de unas sábanas listas en todo momento. Imagina que tienes el juego de cama en el cesto de la lavadora aún por lavar y se te cae algo sobre las sábanas que tienes puestas. ¿Qué haces? ¿Duermes con sábanas manchadas? ¿Lavas corriendo las sucias y las metes en la secadora? Tu casa te está manejando a ti, no tú a ella. ¿Y si alguien de tu familia está enfermo y quieres cambiar las sábanas más a menudo? Si tienes tres juegos, siempre habrá uno listo para utilizarlo en cualquier momento.

Revisa toda tu ropa de cama antes de guardarla. Te aconsejo que sigas el mismo criterio que aplicamos para seleccionar la vajilla y cristalería en el capítulo del comedor: conserva solo las piezas que pondrías en la cama si viniera un invitado. Plantéate por qué sueles pensar que tus invitados tienen que dormir con sábanas bonitas e impecables y tú puedes hacerlo con juegos de cama que no les pondrías a ellos. ¿Tú no te mereces descansar arropada por algo bonito?

Piensa también en la sensación que te transmite el color, el estampado o el tejido. Si no te gustan las sábanas que tienes, pero están en buen estado, dónalas. Deshazte de todas las sábanas manchadas, rotas, descoloridas o encogidas. Convierte en trapos todo lo que ya no te sirva.

Como siempre, limpia bien el espacio antes de guardar tus cosas. Lo más operativo es que lo guardes por juegos. Muchas personas colocan todas las bajeras, las encimeras, las fundas de almohada y los cuadrantes por separado porque queda más ordenado. Es cierto que es más fácil hacer pilas de elementos del mismo tamaño, pero perderás mucho más tiempo si tienes que ponerte a buscar qué bajera hace conjunto con una encimera y qué cuadrantes corresponden con las sábanas que vas a colocar.

Por el contrario, si te acostumbras a tener juntas todas las piezas que necesitas al cambiar las sábanas, ahorrarás tiempo. Últimamente existen muchas maneras y tutoriales sobre cómo ordenar la ropa de cama. Por ejemplo, puedes poner todo el juego dentro de la funda de la almohada. De esta forma, te quedarán todas las piezas juntas y, cuando lo almacenes, queda visualmente muy bonito. Personalmente, doblo la bajera, las almohadas y los cuadrantes en forma de cuadrado y la encimera en forma de rectángulo y pongo todas las piezas en una de las mitades del rectángulo de la encimera y la doblo. Como si fueran las páginas de un libro y la encimera las tapas. Creo que así tardo menos tiempo doblándolas y se arrugan menos mientras están guardadas.

Para su almacenaje, divídelas entre juegos de sábanas de verano y fundas nórdicas de invierno. Aunque las tengas dentro de un cofre o de un armario, te aconsejo que protejas las de fuera de temporada guardándolas dentro de bolsas de almacenaje de tela. De esta manera, evitarás que se amarilleen o se rocen los bordes que quedan en el exterior y las resguardarás del polvo durante los meses en los que no las utilizas. Ten en cuenta que varios juegos de sábanas pesan bastante más de lo que crees, por lo que te aconsejo que no escojas bolsas muy grandes.

MESILLAS DE NOCHE

Cada persona necesita un tipo de mesilla. Como te llevo diciendo desde el principio de este libro, tienes que adaptar tu casa a ti, no al revés. No te dejes influir por lo que «se supone» que debes hacer. Si lo único que quieres tener cerca por la noche es el despertador, te

*Vivienda realizada por Coblonal
Interiorisme. Foto: Joan Guillamat*

bastará con un modelo liviano. Si eres como yo y te gusta tener a mano un montón de cosas (pañuelos de papel, crema para las manos, cacao para los labios, agua, libro, gafas…), lo mejor es que tengas una mesilla con cajones para poder guardarlo todo y evitar que se vea desordenado el dormitorio. Si tu pareja no necesita cajones, no tengas miedo a poner dos mesillas diferentes. ¡Aunque también tienes la opción de ponerle otra con cajones y llenarlos con tus cosas!

■ TOCADOR

Quizá estés pensando que es una pieza antigua o en desuso, pero está volviendo con fuerza. Si tienes espacio en la habitación, te resultará muy útil tener tus cosméticos y perfumes en un tocador, ya que te liberarás espacio en el baño. Además, si compartes el baño, siempre podrás maquillarte y terminar de arreglarte en tu habitación. En este caso, no te olvides de colocar un espejo y una lámpara que te ilumine correctamente.

También resulta muy cómodo tener tus joyas en este mueble. Tengo que reconocer que siempre había tenido problemas para tener mis complementos a mano y bien clasificados. Los joyeros que encontraba en el mercado no me resultaban útiles para guardar mis cosas y, al final, acababa poniéndome los mismos collares y pendientes continuamente. Hace unos años decidí tenerlo todo a la vista. Coloqué unos percheros de pared y fui colgando todos mis collares. Resulta una solución muy decorativa. Si crees que no podrás colgarlos todos en unas pocas perchas, puedes anclar una rejilla en la pared y, con unos simples ganchos de metal, vas colocándolos por colores.

Para guardar tus anillos, pendientes o gemelos, existen unas cajas con ranuras en las que los puedes tener expuestos. Me resulta muy operativo porque, al no estar los pendientes mezclados, no pierdo tiempo buscando la pareja del pendiente que me quiero poner. Estas cajas también sirven para los gemelos. Ya que estamos hablando de joyas te aconsejo que, cuando viajes, coloques tus anillos, pendientes o gemelos en los pastilleros semanales de plástico que puedes encontrar en todos los bazares. De esta forma van protegidos y, durante tu estancia fuera de casa, los tendrás siempre organizados. Para los collares y colgantes más grandes, utilizo una caja de plástico de costura o materiales para manualidades de las que se pueden quitar algunos de los separadores internos para adaptarlo a los collares que me llevo en cada viaje.

GALÁN DE NOCHE

Esta es otra de las piezas que se están incorporando de nuevo a los dormitorios actuales. Si eres de esas personas que se preparan la ropa del día siguiente la noche anterior, definitivamente es tu pieza. Escoge uno que tenga una superficie que puedas utilizar como «vacía bolsillos». Así, tendrás siempre ubicadas todas las cosas que necesitas coger cada mañana.

Nunca uses el galán de noche para dejar tirada la ropa que te quitas al llegar a casa, ya que te arriesgas a que se quede cubierto por una montaña de ropa arrugada. Recuerda que, en cuanto te cambies, debes colocar cada cosa en su sitio: las prendas para lavar en el cesto correspondiente, los cinturones y los zapatos en su lugar. Si no adquieres este hábito, se te acumulará la ropa por guardar y te dará más pereza.

Algunas personas emplean el galán para dejar «aireándose» las prendas que no lavan frecuentemente, como jerséis, americanas, pantalones o faldas, ya que no les parece higiénico guardarlas en el armario junto con las prendas limpias y prefieren dejarlas un tiempo en este mueble para que se les vayan los olores que han podido coger durante el día. Si piensas utilizarlo para este propósito, no te olvides de colgarlas siempre antes de ir a dormir.

BANQUETA O BAÚL

Personalmente, no puedo prescindir de una banqueta a los pies de mi cama para dejar una colcha o mantita por si tengo frío a media noche. También dejo ahí los cuadrantes que no utilizo cuando me dispongo a dormir, ya que no me gusta dejarlos por el suelo, y una bata o camiseta para cuando me levante.

Si en vez de banqueta, colocas un baúl, podrás almacenar ahí ropa de cama o de otra temporada.

ESPEJO

El *feng shui* también es una corriente que está retomando protagonismo. Según esta filosofía, en general, los espejos no son muy recomendables en el dormitorio. Si necesitas colocar uno, ten en cuenta que nunca debes ubicarlo en la pared que está frente al cabecero.

De hecho, en esa pared deberías colocar las cosas que te transmitan energía positiva, ya que es lo primero que vas a ver cada mañana y esa imagen es lo que va a influir en tu comportamiento de todo el día y, en consecuencia, en tu manera de afrontar los acontecimientos de la jornada. Por lo tanto, te aconsejo que no cuelgues cuadros o láminas muy agresivos.

ESTANTERÍAS

Indudablemente, vas a necesitar estanterías si quieres rodearte de objetos que te transmitan paz. Por una cuestión de seguridad y lógica, nunca las coloques encima de tu cabecero, ya que puede caer algo y sobresaltarte mientras duermes o, incluso, es posible que se desprenda la estantería entera sobre ti causándote graves lesiones. Y, si aún no te has convencido de que es un error poner estantes encima de tu cabecero, intenta visualizar cómo vas a limpiar las cosas de esas estanterías.

LA ORGANIZACIÓN DEL DORMITORIO PRINCIPAL DE UN VISTAZO

Recuerda: la función principal de tu dormitorio es favorecer el descanso.

〉 Crea en tu dormitorio una atmósfera relajante, selecciona bien las piezas que incorporas y elige la cromática adecuada.

〉 Cuenta con tres juegos de sábanas y guárdalos juntos.

〉 Fija un día a la semana para cambiar las sábanas.

〉 Nunca salgas de casa sin hacer la cama.

Vivienda realizada por Molins Design.
Foto: Jordi Miralles

ARMARIO Y VESTIDOR

◆

Vísteme despacio, que tengo prisa

Tener tu armario o vestidor organizado te ahorrará muchísimo tiempo por las mañanas, lo que contribuirá a que tengas un mejor día. Empezar la mañana de mal humor porque no has encontrado una pieza que querías ponerte hará que vivas de forma negativa todo lo que te vaya aconteciendo durante tu jornada. Si piensas que este hecho no te afecta porque preparas tu ropa por la noche, te diré que es igual de contraproducente ya que, al pasarte un montón de rato buscando algo para la mañana siguiente, estás perdiendo minutos de sueño y la sensación de desorden y caos de tu casa te impedirá descansar.

Si sabes dónde está cada cosa que necesitas para vestirte, saldrás a la calle con mayor seguridad sin necesidad de cambiar tu indumentaria en el último momento. No hace falta que te diga que tu imagen es la primera impresión que reciben las personas con las que interactúas cada día, por lo tanto debes cuidarla muy bien. Pero, además, aunque creas que tú eres de esas personas a las que no le importa su aspecto físico, este afecta a tu comportamiento y a la manera de afrontar tu vida. Llegar a una reunión sabiendo que no te has vestido como tenías pensado contribuirá a que no defiendas tus ideas con la misma convicción. Aparecer en un evento o una fiesta con una ropa de la que no te sientes orgulloso impedirá que te diviertas como deberías.

«Un vestidor organizado va a mejorar tu día a día»

Hablaré igual de armario o de vestidor porque, en realidad, un vestidor es un gran armario en el que puedes entrar. Por lo tanto, el concepto de organización de prendas y optimización de tu tiempo es el mismo. Simplemente, en el vestidor te cabe un mayor número de prendas que en el armario. Vamos por partes para que te resulte más cómodo y rápido. Si te pones a hacer al mismo tiempo la ropa, los zapatos, los bolsos, la ropa interior, etc., tardarás bastante en organizarlo y lo tendrás todo a la vez desordenado. Es mejor que lo hagas poco a poco.

ROPA

Estoy segura de que tienes clarísimo por dónde tienes que empezar. ¡Efectivamente! Saca toda tu ropa para decidir qué vas a conservar y qué piezas no volverás a ponerte.

Yo suelo poner toda la ropa encima de mi cama para clasificarla, así que tengo que asegurarme de que, al llegar la noche, ya está vacía y puedo dormir en ella. Mima tu ropa y nunca la tires al suelo. Recuerda que los mensajes que le transmites al inconsciente son muy poderosos. Si le das tan poco valor a tu ropa que crees que merece estar por los suelos, así te sentirás tú cuando te la pongas.

Sigue el protocolo que has hecho con el resto de tus pertenencias. Divide tu ropa en tres montones: la que está estropeada y no se puede seguir utilizando, la que está en buenas condiciones pero ya no te apetece seguir poniéndote, y la que crees que quieres conservar.

Quizá puedas aprovechar lo que está estropeado para hacer trapos o para alguna manualidad que te guste realizar. En cualquier caso, no la tires a la basura. Deposítala en los contenedores de recogida de ropa ya que, lo que no sirve para ti, puede ser útil para otras personas.

Ahora, céntrate en toda esa ropa que piensas que vas a conservar. Es el momento de empezar a probártela. No decidas «a ojo». Tómate la molestia de ponerte todo y mirarte en el espejo antes de decidir que la vuelves a colgar en tu armario. De esta manera evitarás que, al ir a ponerte algo, resulte que ya no te sienta bien y tengas que volver a pensar qué vas a ponerte. Todo aquello que te vaya grande, pequeño, corto, largo o, simplemente, no te favorezca, ponlo en el montón de las piezas que están en buen estado pero que ya no vas a conservar. Todo eso puedes venderlo en tiendas de segunda mano. No cometas el error de guardar ese pantalón que te encanta pero te va pequeño esperando que funcione la dieta que has empezado. Piensa que estará ocupando el espacio de un pantalón que sí puedes ponerte ahora. Y, cuando adelgaces, estarás tan feliz que te apetecerá comprarte ropa nueva.

Vamos a volver a dividir el montón de las cosas que te quedas. Organízalo por temas: ropa informal, formal, deportiva, fiesta, etc. Lo que te resulte más cómodo en función de lo que tengas y de tu estilo de vida. Si no sabes en qué montón poner una pieza, quizá no tenga lugar en tu vestuario.

Hace poco me contaron un truco para saber qué piezas están ocupando un espacio inmerecido en tu armario quitándole el lugar a otra cosa que seguramente te resultaría más útil. Como todos los ganchos de las perchas tienen que mirar hacia dentro del armario porque es más operativo descolgarlas de esta manera, cada vez que cojas una prenda, la vuelves a colgar con el gancho hacia fuera. Al terminar la temporada, las prendas que estén con el gancho mirando hacia dentro son las que no te has puesto; por lo tanto, debes deshacerte de ellas porque no las vas a echar de menos. Para mí, este truco tiene un par de fallos: el primero es que no me gusta nada que los ganchos de las perchas miren hacia dentro y hacia fuera; el segundo, es que solo te sirve con perchas a las que les puedas girar los ganchos ya que, si tienes que darle la vuelta a la percha entera, las americanas y camisas ya no encajan en la forma de los hombros. Quizá se podría utilizar otro sistema como atar un pequeño lazo en cada percha cuando te pongas esa prenda pero, en mi opinión, todos sabemos qué cosas no nos hemos puesto. Se trata de ser sinceros con nosotros mismos y plantearnos que debemos deshacernos de eso para dejar sitio a algo que nos guste mucho más y que nos resulte más útil.

Coge uno de los montones y vuelve a clasificarlo por piezas que guarden similitud. Pon juntas todas las camisetas de tirantes, las de manga corta, las de manga larga, los *shorts*, las bermudas, los pantalones, etc., ya que, además de que te quedará más bonito visualmente, te resultará más fácil vestirte por las mañanas. Para ahorrar todavía más tiempo en el momento de decidir qué te pones, puedes subdividir más los grupos. Separa cada grupo también por colores y almacénalos de más claro a más oscuro. Hay personas que opinan que es mucho más cómodo colgar juntas las piezas que combinan entre sí, es decir, junto a cada pantalón o falda, ponen las camisas, blusas o camisetas que hacen conjunto con esa prenda. En mi opinión, queda más desordenado. Además, me parece bastante inoperante y me limita bastante la imaginación en el momento de vestirme, ya que voy variando las combinaciones de piezas constantemente. No suelo ponerme siempre el mismo pantalón con la misma camisa ni el mismo vestido con la misma chaqueta. Hace años, Elisabet Olivé y Montse Guals —fundadoras de *Quémepongo?*, una de las primeras firmas de asesoría personal de España— me dijeron que, por cada parte de abajo de tu vestuario, debías tener al menos tres prendas superiores que combinen con ella. Lo ideal sería que una fuera de tendencia, otra atemporal y otra básica. Si, además, alguna de esas prendas combina con varias prendas inferiores más, amplías muchísimo las combinaciones que puedes ponerte. Me pareció un consejo tan útil que empecé a seguirlo inmediatamente. Tengo que confesar que, desde entonces, siempre sé qué prenda necesito comprarme realmente y me ahorro un montón de compras por impulso que luego no sé dónde meter ni con qué combinar. Cuando veo algo en una tienda, lo primero que hago es pensar con qué pieza de mi armario me la puedo poner. Si tengo claro el conjunto, me la quedo; por el contrario, si no soy capaz de combinarla mentalmente con nada de lo que tengo, la dejo en la tienda. Te recomiendo también sus libros: *¿Qué me pongo?* y *Y yo, ¿qué me pongo?*

Volvamos a tu armario. Ahora que está vacío, límpialo minuciosamente. Mientras lo haces, recuerda que estás empezando un proceso para ahorrar tiempo. Toma conciencia de que estás tomando las riendas de tu vida. Te parecerá una exageración, pero cuando te des cuenta de que tienes controlados los objetos que te rodean, empezarás a controlar todo lo demás. Cuando veas que eres tú y solo tú quien maneja tu tiempo, te verás capaz de manejar tu vida entera.

Cada pieza de tu indumentaria necesita una forma de almacenaje distinta, por lo tanto, las voy a tratar por separado para que te resulte más fácil la tarea de organizarte. Quizá necesitarás adquirir algunos objetos para conseguir una mayor organización de tus cosas ya que, si hasta ahora no habías logrado ordenar tu armario, probablemente es porque te faltaban los elementos necesarios. Francamente, es mucho mejor que compres cosas que te ayuden a tenerlo todo en orden que tratar de apañártelas con lo que tenías y que resultaba ser claramente insuficiente e inoperante. En este sentido, te desaconsejo absolutamente que utilices cajas de zapatos para almacenar tu ropa. En primer lugar, son de tamaños y alturas distintas y, al apilarlas, te quedará bastante desordenado. Por si esto fuera poco, abrir el armario que tienes ya pulcramente organizado y ver cajas con el nombre del modelo del zapato y el número, pero que contiene otras cosas te genera más sensación de caos y le manda mensajes erróneos a tu cerebro. Otra de las razones por las que no debes utilizar cajas de zapatos para guardar tus cosas es una cuestión estética; no tiene ningún sentido pasarte horas ordenando tu armario para que te transmita sensación de bienestar y romper esa sensación metiendo cajas de colores dispares sin ninguna coherencia. Recuerda lo que te decía en páginas anteriores: ¿Te sentirías bien si un invitado ve cajas de zapatos dentro de tu armario? Si no te gustaría que lo viera otra persona, ¿por qué quieres verlo tú? Te mereces ver cosas bonitas al entrar en tu armario o tu vestidor. Si tus cosas son bellas, ¿por qué las guardas en cajas feas?

Pensarás que puedes forrarlas o pintarlas para dejarlas más agradables estéticamente, pero ¿de verdad quieres guardar cosas íntimas donde antes había zapatos? Es mucho más rápido que vayas a compararte unas cajas que te gusten y, si te encantan las manualidades, siempre puedes personalizarlas para mejorarlas y adaptarlas más a tu gusto.

◆ AMERICANAS

Indudablemente, debes guardarlas colgadas en perchas. Estas deben ser lo suficientemente armadas como para aguantar su peso y con una estructura ligeramente arqueada para mantener la forma de la prenda. Si abrochas el primer botón, te asegurarás de que repose en el colgador sin deformarse. Antes de colgarlas, cerciórate de que los bolsillos estén vacíos para evitar que se queden deformados.

En verano, si dispones de espacio suficiente, lo más aconsejable es que las protejas con fundas portatrajes de tela que encuentras en cualquier bazar por muy poco dinero. En el caso de que la funda que hayas escogido no cuente con una ventanita transparente para ver qué hay en su interior o, si decides almacenar varias americanas en la misma bolsa, es conveniente que cuelgues una etiqueta indicando qué contiene la bolsa. Si cuentas con muy poco espacio, puedes colgar varias chaquetas en la misma percha. Pon primero la más estrecha y, sobre ella, las más amplias. Si, fuera de temporada, no puedes almacenarlas colgadas y te ves en la obligación de meterlas en bolsas, lo mejor es que te busques una en la que te quepan los hombros de la americana extendidos. Procura no doblarla por la mitad longitudinalmente. Una vez tengas extendida la americana en el interior de la bolsa, dobla las mangas hacia adentro y, después, el bajo de la americana hacia las hombreras. Asegúrate de que las solapas y los bajos quedan bien colocados. No las almacenes muy apretadas para que se arruguen lo menos posible. Cuando vuelvas a sacarlas al invierno siguiente, las arrugas que se te hayan formado almacenándolas de esta manera serán bastante fáciles de eliminar con un suave toque de plancha.

✦ BLUSAS Y CAMISAS

Para mi gusto, se almacenan mejor colgadas siguiendo los mismos consejos que te he dado para las americanas. Algunas personas me dicen que se ahorran más espacio si las guardan dobladas en un cajón. A mí no me compensa el tiempo que pierdo teniendo que planchar cada camisa cuando quiero ponérmela porque se ha quedado arrugada. Prefiero ingeniármelas para liberar espacio en la barra del armario y colgarlas.

Abrocha el botón del cuello para que, tanto él como los hombros, queden en su sitio. Además, así no se moverán ni se caerán cuando muevas las perchas de un lado a otro para sacar otras prendas.

✦ PANTALONES

La mejor manera de colgarlos sin que se arruguen es cogidos por el bajo en las perchas especiales para pantalones. La única pega es que necesitas colgarlos junto a los vestidos y abrigos y, normalmente, en los armarios hay una pequeña parte con longitud suficiente, ya que suelen poner cajones debajo de las barras de colgar. Si no te caben bien extendidos y te roza la cinturilla con la parte superior de los cajones, entonces dóblalos por la mitad, cuélgalos de la barra inferior de la percha. Ten en cuenta que es posible que se te quede la doblez marcada.

Para no ocupar la barra del armario innecesariamente, dobla los pantalones vaqueros por la mitad o en cuatro partes y apílalos sobre las cajoneras o mételos en un cajón. Como no suelen arrugarse, no hay problema en que los almacenes así y puedes colgar más cosas en las perchas.

Fuera de temporada, dóblalos por la mitad de la pernera para guardarlos en las bolsas de almacenaje.

◆ FALDAS

Es mucho mejor que las cuelgues con las perchas de pantalones. Si utilizas las que se supone que son para faldas (es decir: las que tienen dos pinzas en los extremos) se quedan marcadas por los dientes de las pinzas y, como la parte central no está sujeta, va cayendo y la tela se estira por donde la sujetan las pinzas.

Las faldas vaqueras y las que no se arrugan también puedes guardarlas en los cajones.

Para guardarlas fuera de temporada, procura doblarlas lo menos posible. Las faldas plisadas te quedarán mucho mejor enrollándolas sobre sí mismas, como si las estuvieras escurriendo y colocando en un borde de la caja o bolsa de almacenaje.

◆ CAMISETAS

Generalmente, todo el mundo las guarda dobladas en los cajones. Si no tienes espacio suficiente para tenerlas colgadas, tendrás que asumir que se te van a arrugar. Por muchas técnicas de plegado que te cuente, es inevitable que estén marcadas por las líneas de doblado cuando las saques para ponértelas. Procura no apilar muchas para que las arrugas se marquen lo menos posible. Si te has apuntado a la nueva moda de plegarlas y guardarlas en vertical, recuerda que, por una cuestión de lógica, debes colocar las prendas más claras al fondo y las oscuras delante. Necesitas más luz para ver estas últimas y, en la parte más oscura del cajón, resaltarán más las camisetas blancas.

En el caso de que seas una de esas personas afortunadas que puede tener sus camisetas colgadas, utiliza perchas de bordes redondeados en las que los hombros encajen bien con los extremos de la percha. De lo contrario, se te quedará un pico marcado en medio del hombro o a media manga. Las perchas de alambre de tintorería solo son útiles para las camisetas de tirantes. Utilízalas para ello, ya que ocupan poquísimo espacio y podrás tener bastantes camisetas en tu armario.

Vivienda realizada por Molins Design.
Foto: Jordi Miralles

Durante el almacenaje fuera de temporada se te arrugarán bastante. Una forma de minimizar las arrugas es poner una encima de la otra totalmente extendidas. Cuando ya tengas una pila de camisetas considerable, dobla todas las mangas hacia dentro y, después, coge el bajo de todas las camisetas y dóblalas todas a la vez hasta tocar los hombros. Te quedará casi un rectángulo.

◆ JERSEYS

Como ya los tendrás separados por categorías: cuello pico, cuello redondo, cuello cisne, manga larga, manga corta, gruesos, finos, por colores…, solo te falta colocarlos en los cajones o en los estantes que tengas destinados para ellos.

En verano, almacénalos de la misma manera que las camisetas.

◆ VESTIDOS

Siempre deben estar colgados. Fuera de temporada, trata de que se te arruguen lo menos posible. Incluso podrías guardarlos en cajas rígidas.

▪ ROPA INTERIOR

◆ CALZONCILLOS

Tanto si son «boxers» como «slips», dóblalos longitudinalmente en tres partes por la zona de la cinturilla. Vuelve a doblarlos horizontalmente por la mitad y mete la parte inferior (los camales en el caso de los «boxers» y la bragueta en el caso de los «slips») por dentro de la goma. Te quedará un paquetito cuadrado que no se deshará. Guárdalos por colores en el cajón dejando a la vista la parte en la que no está la goma. Así te quedarán ordenados y, si tienes que irte de viaje, no se abrirán dentro de la bolsa que utilices para poner tu ropa interior en la maleta. Al llegar a destino, los podrás volver a colocar en el cajón de tu habitación del hotel como si estuvieras en casa o dejarlos dentro de la bolsa porque no se te arrugarán.

Espero que, a estas alturas del libro, ya no tenga que recordarte que debes tirar todos los calzoncillos que estén rotos, descoloridos, manchados o con las gomas pasadas.

◆ BRAGAS Y SUJETADORES

Cuando eras pequeña, ¿tu abuela te decía aquello de «ponte ropa interior nueva por si te pasa algo» cuando te ibas de viaje? A mí no me lo han dicho nunca. En mi casa, siempre se ha considerado que la ropa interior es la prenda que está más cerca de tu piel, por lo tanto, es la que tienes que escoger con más mimo. Conserva solo las piezas que te hagan sentir bien contigo misma. Piensa que es la base de la ropa que te vas a poner encima. Si no te sientes orgullosa de la lencería que llevas, no lucirás tu conjunto de la misma manera.

Guarda las bragas siguiendo el mismo sistema que te acabo de explicar para la ropa interior masculina.

En lo referente a los sujetadores, dóblalos por la mitad central de manera que una copa quede encajada en la otra, y coloca los tirantes en su interior. En el caso de los conjuntos de braguita y sujetador, coloca las braguitas también debajo de la copa de sujetador. Deberías tener dos o tres braguitas que hagan conjunto con tu sujetador, ya que estas se estropean más.

Si no tienes suficientes cajones para guardar tu ropa interior, puedes comprar una caja con separadores y colocarla sobre los cajones en el armario. Aunque las guardes en el cajón, te resultará muy útil poner varias cajas pequeñas para clasificar por colores tus braguitas y tus sujetadores.

◆ CALCETINES

Cuando era muy pequeña, mi madre me enseñó a doblar los calcetines de manera que quedaran perfectamente ordenados y que resultase comodísimo ponérselos. A lo largo de toda mi vida, me han mostrado un montón de maneras distintas de guardarlos y ninguna me ha resultado mejor que la mía. De hecho, la mayoría de las personas que han intentado convencerme para usar su método, han acabado reconociendo que el mío es mejor.

Hay que distinguir entre calcetines sin talonera marcada (los de media que algunas personas llaman «de ejecutivo») y los que sí la tienen porque su plegado es diferente.

Empiezo por los calcetines de media porque es mucho más sencillo. Coloca un calcetín encima del otro. Dobla las puntas en dirección a los elásticos y sigue doblándolos sobre sí mismos. Cuando llegues al final, coges la goma que te queda en el exterior y rodeas el paquetito que te ha quedado dejando los dos calcetines dentro. Te quedará como una bolsita. No se te deshará. Cuando los tengas todos doblados de esta manera, los colocas en el cajón en vertical. En el momento de ponértelos, deshaces el paquetito y coges un calcetín por la parte de las gomas de manera que te queden los dos dedos pulgares dentro. Ve arrugando hacia la goma todo el calcetín ayudándote de los dedos índice y corazón. Cuando llegues a la puntera, colocas ahí los dedos del pie y subes todo el calcetín estirando el elástico con los dedos índice y pulgar. Haces lo mismo con el otro calcetín y ya tienes puestos los dos rápida y fácilmente.

Al principio, te costará un poco aprender la forma de plegar los calcetines con talonera pero, una vez la aprendas, lo harás con rapidez y verás qué fácil te resulta ponerte los calcetines, qué cómodo es llevarlos así de viaje y cuánto espacio ahorras en el cajón. Como siempre, recuerda que debes poner los más oscuros en la parte frontal y dejar los más claros al fondo porque resaltan más.

Sigue las instrucciones paso a paso. Coge un calcetín del revés. Mete la mano hasta tocar la puntera con los dedos. Con la otra mano, sujeta el talón y estira hacia dentro la puntera. Esta tiene que quedarte dentro de la caña del calcetín formando una bolsa. Repite la misma operación con el otro calcetín. Coloca un calcetín encima del otro de manera que la parte superior del talón del calcetín que está por encima quede en el borde de la bolsita del otro calcetín. Entonces, dobla las dos cañas en dirección a la talonera un par de veces y envuélvelo todo con el calcetín que queda por fuera. Por último, mete el trozo de talón que ha quedado fuera por dentro del paquetito cuadrado que te ha quedado.

En el momento de ponértelos, deshaz el paquetito, mete el pie en la bolsita que ha quedado y estíralo sujetándolo por el elástico.

Evidentemente, debes deshacerte de todos aquellos que tengan carreras, estén descosidos o agujereados, y de aquellos que se te van cayendo porque la goma del elástico está pasada. Puedes reconvertirlos en coleteros cortándoles la puntera y el elástico y anudándolos. Utilízalos para hacer el famoso donut para moños de Isasaweis.

MEDIAS

No conserves medias con carreras bajo ningún concepto. Me dan escalofríos cuando alguien me dice que las guarda para ponérselas con botas o debajo de pantalones. Que sepas que corres el riesgo de ponerte sin querer una de esas medias y pasearte por toda la ciudad luciendo una carrera o un zurcido enorme.

Como viajo bastante, siempre intento almacenar las cosas para poder meterlas directamente en la maleta tal como están, sin tener que perder el tiempo en doblarlas de otra forma. Por ello, las guardo enrolladas. Extiende las medias. Coloca la puntera de los dos pies en la palma de tu mano y ve enrollando las medias alrededor de ella. Al terminar, mete el elástico por el hueco central que te ha quedado. La bolita que acabas de hacer no se deshará dentro de tu cajón ni en tu equipaje.

ROPA ESTACIONAL

Al hablar de ropa estacional me refiero a esas prendas que solo usas unos meses al año pero que, durante esa temporada, necesitas tenerlas a mano porque las utilizas a diario. En esta categoría incluyo guantes, gorros, bufandas, bañadores y ropa de playa, camisones y pijamas.

Guárdalos en cajas del mismo tamaño. Puedes escoger un estampado vacacional para tus cosas de baño y algo más invernal para los complementos para el frío. Durante el invierno, las cajas de playa las pones en el altillo, bajo el cofre de la cama o donde hayas decidido guardar la ropa de fuera de temporada, y colocas a mano dentro del armario o en un estante las cajas de gorros, bufandas y guantes. Al llegar el verano, simplemente sustituye esas cajas por las de bañadores, bikinis, kaftanes, pareos y demás prendas playeras.

ROPA DEPORTIVA

Guárdala toda junta porque irás más rápido cuando prepares la bolsa para practicar tu deporte favorito. Es mucho más cómodo abrir tu cajón de ropa de deporte y coger todo lo que necesitas que tener que abrir varios cajones para buscar unos calcetines de un sitio, una camiseta de otro lado… Ahorra tiempo siempre que puedas. Además, si tienes todo tu equipo en el mismo sitio, de un vistazo sabrás si vas justo de pantalones, calcetines o cualquier otra prenda que necesites.

COMPLEMENTOS

PAÑUELOS Y CHALES

Hay varias formas de almacenarlos. Puedes guardarlos bien doblados en cajones o en cajas. Estos tienen que ser bastante grandes y poco profundos para que no tengas que hacer muchas dobleces y para que, al sacar el que quieres ponerte, no tengas que vaciarlo todo para cogerlo.

Si sueles ponértelos a menudo, cuélgalos en una barra en la pared en el caso de que tengas vestidor, o en un soporte para corbatas en el interior de las puertas del armario. En el caso de que tengas muy poquito espacio, utiliza las perchas especiales para este uso. Recuerda que te tiene que resultar fácil tanto cogerlos como volver a guardarlos.

CORBATAS

Al tratarse de un complemento que sueles utilizar durante todo el año, lo más útil es que las cuelgues en las barras especiales para corbatas. Puedes ponerlas en el interior de la puerta del armario o en una pared de tu vestidor, ya que resultan muy decorativas. Si tienes la suerte de contar con un cajón con separadores, guárdalas en él enrolladas.

GAFAS DE SOL

Algunas personas las tienen en el recibidor para no olvidárselas, yo prefiero tenerlas en mi vestidor. Guárdalas en cajas y siempre en sus fundas. Intenta no dejarlas nunca apoyadas sobre los cristales, ya que se rayan.

◈ CINTURONES

Normalmente, también utilizas los mismos en todas las estaciones. Puedes guardarlos enrollados en un cajón o en una caja. Empieza a enrollarlo por la hebilla.

También puedes colgarlos por la hebilla en ganchos atornillados en el interior de la puerta del armario o en la pared.

◈ RELOJES

Si tienes muchos relojes, puedes adquirir una caja especial para guardarlos. Gracias al soporte que llevan, no se te doblará la correa. Al tenerlos todos juntos, decidirás más fácilmente cuál es el que encaja más con la ropa que llevas ese día. En el caso de que tengas relojes de alta gama, puedes guardarlos en su propia caja con el certificado de autenticidad y la garantía.

ZAPATOS Y BOTAS

Antes de empezar a guardarlos, pruébatelos todos. Camina un poco por la habitación. Descarta todos los que te hagan daño o sean incómodos aunque los encuentres ideales. ¿Te haces un *outfit* monísimo y vas andando con cara de «dolor de pies»? No permitas que tus zapatos te arruinen una noche de diversión porque te hacen llagas.

Puedes almacenarlos de múltiples maneras. A mí no me gusta mezclarlos con mi ropa, pero eso es una cuestión personal. Te explico las que me parecen más operativas.

Lo ideal es que tengas un mueble zapatero lo suficientemente grande como para que te quepan tanto los zapatos de invierno como las sandalias. En el caso de que vayas a adquirir uno, ten en cuenta que los cajones abatibles deben abrirse por separado. Hay algunos en el mercado en los que se abren todos los cajones a la vez y, si tienes muchos pares que guardar, resulta bastante pesado subirlos y bajarlos.

También puedes colocar un modelo de zapatero de barras. Resulta más liviano, pero tus zapatos cogerán más polvo.

Otra posibilidad es que los coloques en bandejas extraíbles o en estanterías con divisiones. Si te decantas por ese sistema, ahorrarás espacio poniendo cada zapato en un sentido. Es decir, la punta de un zapato junto al tacón de su par, aunque a mí me parece un poco desordenado y prefiero ver las dos punteras de mis zapatos juntas.

Si tienes pocos zapatos, puedes colgar en la pared o en el armario una bolsa especial para almacenarlos.

Guardados en cajas suelen quedar bastante ordenados. En ese caso, lo más cómodo es que tengan la parte frontal transparente para que veas qué par hay dentro. Si no los encuentras así, siempre puedes poner una foto de los zapatos que guardas dentro. Esta manera de almacenar tus zapatos resulta muy útil en el momento de hacer el cambio de ropa de temporada, ya que sustituyes esas cajas por las de los zapatos que corresponden según la época del año.

En cuanto a las botas, debes tener cuidado para que las cañas no permanezcan dobladas; de lo contrario, se agrietarán. Lo mejor es que las cuelgues en perchas sujetadas con pinzas por el borde superior o las coloques estiradas en cajas más grandes.

BOLSOS

Probablemente, tienes un par de bolsos que utilizas con frecuencia y el resto te los pones de vez en cuando. Déjate a mano esos que usas más colgándolos en pequeños ganchos en la puerta del armario o en percheros de pie o anclados en la pared. El resto guárdalo en un estante del armario. Protege cada bolso con una bolsa de tela. No los envuelvas en bolsas de plástico porque la piel se estropea más y, además, se irán resbalando al apoyarlos unos junto a los otros.

SOMBREROS

Los sombreros cogen muchísimo polvo y no se pueden lavar, por lo que debes guardarlos en sombrereras. Además, resultan muy decorativas. Puedes ponerlas en columna en una esquina de tu habitación o de tu vestidor o encima del armario.

Si te gusta tenerlos a la vista en percheros o maniquíes, guarda los de fuera de temporada en la sombrerera y sustitúyelos por los de la estación en curso.

MALETAS

No cometas el error de utilizar las maletas para almacenar cosas. Cuando las necesites, ¿dónde vas a dejar todo lo que está en su interior?

Lo ideal sería que las guardaras en el altillo del armario o en el trastero.

◆

LA ORGANIZACIÓN DEL ARMARIO DE UN VISTAZO

Recuerda: tener tu armario o vestidor organizado te ahorrará muchísimo tiempo a la hora de vestirte.

❭ Selecciona minuciosamente las prendas que vas a conservar. Deshazte de las prendas que no utilizas o no te sientan bien.
❭ Guarda cuidadosamente las prendas para que se conserven en buen estado.
❭ Organiza tu ropa por categorías.
❭ No uses las maletas para almacenar cosas. Déjalas vacías para poder utilizarlas cuando las necesites.

◆

Vivienda realizada por Egue y Seta.
Foto de Vicugo Studio

◆

Territorio comanche

Una de las grandes luchas de los padres es conseguir que las habitaciones de sus hijos estén ordenadas. En muchas ocasiones, lograr que los niños lo tengan todo en su sitio es cuestión de ponérselo fácil.

Es básico inculcarles el hábito de la organización desde pequeños; para ello, debes crearles un entorno en el que colocar todo en su sitio no les suponga mucho esfuerzo.

Los niños pequeños tienen necesidades muy diferentes a los adolescentes, por lo que las trataré por separado.

HABITACIÓN INFANTIL

Lo primero que tienes que hacer es pensar cómo puedes facilitarle las cosas. Ponte en su lugar. Coloca los percheros y los estantes a su altura. ¿Cómo quieres que cuelgue su abriguito cuando entre en su habitación si no llega a la percha? Si tiene que llamarte para que le cojas sus juguetes o los vuelvas a dejar en su sitio, le estás transmitiendo la idea de que la tarea de tener las cosas ordenadas es tu deber y se desentenderá totalmente de esa responsabilidad.

Toma conciencia de la importancia que tendrá en el futuro de tus hijos el hecho de que crezcan sabiendo que ellos solitos deben ocuparse de sus cosas. No solo estás infundiéndoles unos hábitos que les ayudarán a tener su casa siempre a punto, también estás enseñándoles que son ellos quienes controlan su entorno y es imprescindible que no deleguen sus responsabilidades en otras personas. Crecerán sabiendo que disfrutar de un ambiente equilibrado solo dependerá de ellos y esto les proporcionará mayor estabilidad emocional.

Vuelvo a repetirte que tu casa es el reflejo de tu esencia y tu personalidad. Una estructura mental ordenada se traduce en tu hogar. Piensa en qué ocasiones sueles desatender tu casa. Generalmente, el caos se apodera de ti cuando te encuentras mal física o emocionalmente, en momentos de estrés o cuando te desbordan otras obligaciones. Pues déjame decirte que funciona igual al revés: al ordenar tu entorno, ordenas tu cabeza. Por lo tanto, si se educa a los hijos a responsabilizarse de sus cosas y aprenden que, si algo está mal, no deben pensar que es culpa de otros, se crea un adulto que buscará siempre en su interior la manera de recuperar su equilibrio en cualquier situación.

«Educa a tus hijos para que se responsabilicen de su espacio y de sus cosas»

Evidentemente, tendrás que hacer las cosas con ellos para que aprendan. Plantéaselo como un juego. Empieza con la ropa porque, probablemente, será lo que menos les apetezca hacer y deja los juguetes para el final como premio.

◆ ROPA

En el caso de los niños, es todavía más necesario que se prueben toda la ropa, ya que de un año para el otro no les servirán la mayoría de las cosas. Organiza un desfile de modelos o cualquier cosa divertida que se te ocurra para que se les pase el tiempo volando mientras seleccionáis juntos qué prendas pueden seguir utilizando. Explícales qué tiene que ir en cada montón y deja que sean ellos quienes vayan colocando su ropa donde corresponda. De esta manera, también les estarás mostrando que valoras su opinión y les encantará sentirse mayores y que les dejes decidir. Ármate de paciencia porque, seguramente, querrán conservar alguna pieza de su personaje favorito aunque esté descolorida y les quede manifiestamente pequeña. Razona con ellos y diles que esa prenda les ha hecho muy felices y que es momento de que haga feliz a otro niño porque ellos tendrán otras cosas bonitas a lo largo del año. Déjales claro que la sustituirás por otra y que, si no hacéis espacio en el armario, no podrás comprarle nada nuevo porque no cabrá. ¡Verás como funciona!

«Organiza la habitación de los más pequeños de forma que les resulte fácil ordenar sus cosas»

Cuando ya tengas toda la ropa seleccionada, sigue los mismos criterios de almacenaje que has aplicado en tu armario.

Como cada prenda tendrá su sitio, les será fácil guardar su ropa solos. Pon un perchero, un galán de noche infantil o un burro bajo para que dejen su uniforme o sus abrigos y mochilas. Tienes que acostumbrarles a que no se vayan a dormir con la ropa tirada por el suelo y tampoco debes recogerla tú, por lo que, al salir del baño, la ropa sucia tienen que dejarla en el cesto de la colada. Recuérdales que vacíen todos los bolsillos antes de quitarse la ropa para evitar que se vuelvan locos buscando algo que llevaban dentro.

ZAPATOS Y COMPLEMENTOS

A continuación, sigue el procedimiento con los zapatos y complementos. Puedes almacenar la ropa de fuera de temporada en las estanterías altas a las que no tienen acceso. También es importante que participen en esta tarea. Involúcralos en la elección de las cajas donde la vas a guardar. Al fin y al cabo, recuerda que verán esas cajas en sus

Vivienda realizada por Coblonal Interiorisme. Foto: Sara Riera

estantes o cada vez que abran el armario y, de la misma manera que tú has creado el ambiente que más te invita al relax en tu dormitorio, ellos también tienen que crear su entorno. Además, piensa que, generalmente, no se les deja opinar en el resto de la decoración de la casa, así que, si sienten que su habitación es su territorio, se preocuparán más de tenerla organizada.

◆ JUGUETES

Es lo que más les apetecerá hacer y, probablemente, donde tengáis más desacuerdo porque querrán conservarlos todos aunque les falten piezas. Respeta sin miramientos la norma de deshacerte de todo lo que esté roto y utiliza el recurso infalible de que hay que dejar espacio para que entren cosas nuevas.

Recuerda que tu objetivo es que recojan ellos solos todos los juguetes y cuentos antes de dormir, así que debes ponérselo muy pero que muy fácil. Olvídate de que tengan que abrir la puerta de un armario, luego un cajón, después la tapa de una caja, desatar un cordón y apartar algo para poner debajo de otra cosa lo que quieren guardar. Si les complicas la tarea de recoger, no lo harán.

«Plantéales la tarea de organizar como si fuera un juego»

Cómprales cajones bonitos con ruedas para que puedan moverlos sin ayuda. Si eres de los que quieren que sus hijos jueguen en el salón para poder vigilarlos, te resultará la opción más útil. Si, por el contrario, prefieres que se acostumbren a jugar en su cuarto, colócalos en cestos. No es muy aconsejable que los guardes en cajas en estanterías ya que, aunque puedan acceder a ellas solos, es posible que se les caigan encima al intentar cogerlas. Si escoges esta opción, asegúrate de buscar cajas que no sean muy grandes y no las llenes de objetos pesados.

En el caso de que no dispongas de espacio suficiente para tener sus juguetes a la vista, puedes adquirir cajas de plástico con ruedas para almacenar cosas debajo de la cama. Puedes encontrarlas en cualquier bazar. Pégale imágenes de sus personajes favoritos para quitarles seriedad. Además, utilizar ese espacio para guardar sus cosas te ayudará a convencerle de que ahí no hay ningún monstruo.

Una vez hayas decidido cómo vas a almacenar sus juguetes, personaliza las piezas de almacenaje con tus hijos. Les creará un vínculo emocional con el continente de sus juguetes y, cuando vayan sus amiguitos a jugar con ellos, estarán encantados de enseñarles lo que habéis hecho. Haced juntos carteles bonitos que pongan el contenido de cada caja o cajón. Si aún no saben escribir y leer, dibujad algo que les ayude a recordar qué tienen que meter ahí. También puedes utilizar esta técnica en los cajones de la cómoda y en el armario.

ZONA DE JUEGOS

Para ayudarles a estructurar su mente, es aconsejable que delimites de alguna manera la zona de juegos de la de descanso. Basta con que coloques una alfombra o unas cuerdas como si fuera la zona VIP de un evento. Haz algo divertido en esa zona. Pinta un trozo con pintura de pizarra o pega un trozo de pizarra adhesiva para que dibujen con rotuladores. Cualquier cosa que les ayude a desarrollar su creatividad sin que te haga un estropicio en otra parte de la casa. No te olvides de dejarles muy claro que solo pueden pintar en el sitio que les has marcado.

Si las dimensiones de la habitación te lo permiten, móntales también una pequeña zona de estudio para que dibujen cuando son pequeños y se vayan habituando a estar sentados ahí cuando empiecen a ponerle deberes. Al crecer, sustituye la mesita y la sillita por su escritorio. En el caso de que las dimensiones del dormitorio sean reducidas, plantéate la opción de colocar una mesa abatible para que no te quite espacio visual mientras está plegada. De todas formas, ten en cuenta que, en una habitación infantil, es recomendable que escojas una cama de medidas más reducidas, por lo que es bastante probable que te quepa todo. Cuando tengas que transformar la habitación en la de un adolescente, volverás a distribuirla pudiendo utilizar el área que has destinado a juegos para zona de almacenaje.

COLORES

Por último, además del orden, me gustaría hablar de la decoración, y en concreto de la cromática. En lo referente a los colores, se suele tender a utilizar tonos más vivos en las habitaciones infantiles. Mi consejo es que hagas una base neutra y le des las notas de color en los complementos: en la ropa de cama, las cortinas o en algunas piezas pequeñas como una sillita, la lámpara o los tiradores de la cómoda y el armario. Recuerda lo que comentaba antes sobre cómo afectan los colores en nuestro estado de ánimo. En muchas ocasiones, los padres se lamentan de lo mal que duermen sus hijos y de lo nerviosos que

Vivienda realizada por Rodes Arquitectura y Diseño.
Foto: Germán Cabo

son, y resulta que es que le han pintado alguna pared de rojo o amarillo. Los tonos tan intensos proporcionan vitalidad, por lo que pretender que duerman así es una incongruencia.

◆

LA ORGANIZACIÓN DE LA HABITACIÓN INFANTIL DE UN VISTAZO

Recuerda: es muy importante inculcarles a los pequeños el hábito de la organización.

❯ Coloca todas las cosas a su altura para que le sea fácil cogerlas y guardarlas.
❯ Plantéale la tarea como si se tratara de un juego para que se divierta haciéndolo.
❯ Organiza sus cosas con cajas y cestos para que se acostumbre a dividir sus cosas por categorías.
❯ Crea distintas zonas en su habitación.

◆

▦ HABITACIÓN JUVENIL

Dependiendo de la edad que tengan tus hijos y de la relación que tengáis, te será más o menos fácil realizar con ellos la organización de su cuarto porque, seguramente, querrán mantener su privacidad y no les apetecerá que descubras sus «secretillos».

Creo que no hace falta que vuelva a explicarte el proceso que hay que seguir. Imagino que ya te sabes de memoria lo de los tres montones y la clasificación por categorías de todo lo que has decidido conservar. Enséñales a doblar su ropa, a colgarla bien en las perchas para que no se arrugue ni se estropee, y a plegarla para su almacenaje.

En cualquier caso, arguméntales que, cuanto más ordenada tengan la habitación, menos entrarás tú a tocar sus cosas. De hecho, no debes ordenarles nada. Bastante tienes con lo tuyo como para tener que ocuparte de lo suyo. Tienen que aprender a responsabilizarse de sus cosas. Tanto si aún están estudiando como si ya trabajan o empezarán a hacerlo en breve, les resultará muy útil aprender a optimizar su tiempo y sus recursos.

Deben interiorizar las claves para mantener su habitación en orden sin esfuerzo. Lo ideal sería que analizarais juntos sus necesidades de almacenaje. Ten en cuenta sus *hobbies* y buscad juntos una solución que les resulte útil y cómoda. Es muy importante que se sientan a gusto en su habitación y que vean que sus cosas están organizadas tal como les gusta. Si te empeñas en que embutan en una caja fea de zapatos sus pertenencias más preciadas, no lo conseguirás. Trata sus cosas con el mismo mimo con el que las tratan ellos. De lo contrario, pueden percibir que no se les tiene en cuenta en la toma de decisiones de su propio territorio y no les importará lo más mínimo el estado en el que esté, ya que no se identificarán con su habitación.

Cada adolescente necesita unas soluciones de organización distintas. Incluso, si tienes varios hijos, te darás cuenta de que no puedes clonar sus habitaciones, ya que no todo es útil para todos. En el caso de que tus hijos compartan habitación, tendrás que montar la parte de dormitorio de cada uno según sus necesidades de organización. Para que no te quede una mezcla sin sentido, unifica la estética del cuarto mediante las piezas básicas como las camas, el textil de la habitación, etc.

Por ejemplo, si tienes un hijo muy deportista, necesitará tener a mano su equipo y, si además practica ese deporte varias veces por semana, es muy aconsejable que tenga bastantes prendas para evitar que se quede sin ropa limpia y tengas que poner lavadoras corriendo.

Si le gusta la fotografía, deberás organizarle un espacio preservado del polvo para sus cámaras, objetivos y demás accesorios que necesite. En este caso, es básico que cuente con un escritorio amplio en el que pueda procesar sus fotografías y en el que también le quepa la impresora, los paquetes de papel fotográfico, los cartuchos de tinta, etc. Estaría bien que le coloques pequeños estantes en los que apoyar sus fotografías enmarcadas o hilos de nylon con pinzas para que pueda ir cambiándolas a menudo.

Sería muy largo detallarte cómo puedes almacenar las cosas en función de las actividades que tengan tus hijos, pero seguro que halláis una forma que a ellos les resulte cómoda y que encaje en tu criterio decorativo.

Habitúalos a salir de casa con la cama hecha. Si no lo hacen, no se la hagas tú ni permitas que la haga la chica de la limpieza. Acostúmbralos a que pongan en el cesto la ropa de cama el día de la semana que hayas decidido que hay cambio de sábanas. Tampoco debes recogerles la ropa sucia del suelo para depositarla en el cesto de la colada. Debes dejarles muy claro que, si no está en el cesto, no se lava. Hazles ver que les resultará mucho más cómodo vivir con todo colocado en su sitio ya que, al saber dónde está cada cosa, les será más fácil arreglarse cada vez que quieran salir con sus amigos o tengan una cita especial.

«Habitúalos a salir de casa con la cama hecha»

Piensa que, si tú has hecho el esfuerzo de cambiar de costumbres para conseguir que tu casa no te domine, sería ilógico permitir que te dominen tus hijos. Al fin y al cabo, no les estás pidiendo mucho. Una pequeña modificación en su conducta os hará la vida mucho más agradable. Al principio, lo harán a regañadientes pero, ya sabes: transcurridos 21 días, ya será un hábito que te agradecerán cuando tengan su propia casa.

Acepta que sean ellos los que se ocupen de sus cosas. No les guardes su ropa en sus armarios y cajones cuando esté limpia. Escoge si quieres colocársela sobre la cama, en el escritorio de su habitación o en el cuarto de la colada si dispones de él. Pero ten en cuenta que debes dejarla siempre en el mismo sitio para reforzar la rutina.

LA ORGANIZACIÓN DE LA HABITACIÓN JUVENIL DE UN VISTAZO

Recuerda: tus hijos adolescentes deben responsabilizarse de sus cosas; no les hagas sus tareas, deben hacerlas ellos mismos.

❯ Cada adolescente requiere unos elementos de organización distintos en función de sus *hobbies*. Planifícalo con ellos.

❯ Trata sus cosas con respeto.

❯ Acostúmbrale a hacer la cama cada día.

❯ Lava solo las prendas que haya dejado en el cesto de la colada.

❯ No le guardes su ropa limpia.

Baño realizado por
Egue y Seta.
Foto: Vicugo Studio

BAÑO

◆

Tu momento de relax

Entrar al lavabo por la mañana y perder tiempo porque no encuentras lo que necesitas para tu aseo diario contribuye a que te pongas de mal humor nada más empezar tu jornada. Para evitar que esto te predisponga a tener un mal día, lo mejor es que lo tengas todo en su sitio; de esta forma, afrontarás lo que te ocurra en las siguientes horas con una energía más positiva.

El baño es una de las estancias que siempre nos parecen más pequeñas de lo que son porque ahí almacenamos un montón de cosas. Si además lo compartimos con más personas, el caos puede desesperarnos. Y, encima, tenemos que añadir el hecho de que hay momentos críticos en el día en los que queremos utilizarlo varias personas a la vez.

Por otra parte, si no cuentas con un aseo de cortesía para tus invitados, estás exponiendo tu intimidad a todas tus visitas. En estos últimos tiempos en los que la higiene y desinfección del baño está resultando más importante que de costumbre, es totalmente inoperante que lo tengas abarrotado de trastos, ya que te dificulta la limpieza.

¿Sabes por dónde vamos a empezar? Evidentemente, vacía los armarios y estantes para limpiarlo en profundidad y clasifica todo lo que tienes almacenado. Supongo que ya te sabes de memoria que debes hacer tres grupos: lo que vas a conservar, lo que puedes donar y lo que hay que tirar.

En cuanto a los productos que vas a guardar, divídelos en otros tres grupos:

— Los que utilizas a diario: cepillo de dientes, maquinilla de afeitar, cosméticos, perfumes, etc.

— Los que necesitas a menudo: secador, mascarillas faciales y capilares, productos para la manicura y pedicura, etc.

— Los que usas ocasionalmente: repuestos de productos. Recuerda que no es necesario tener más de un repuesto de cada.

Todo lo que tengas en el grupo 3 debes almacenarlo al fondo, ya que no hace falta que te diga que es más operativo que tengas a mano lo que más utilizas. De hecho, cuanto más fácil sea coger los productos que debes usar a diario, mucho mejor. Por ejemplo, si guardas las cremas faciales y corporales dentro de su embalaje original, dentro de una caja y dentro de un armario debajo del lavabo, te dará mucha pereza abrir el armario, luego la caja y después la propia caja del producto. Y, tras aplicártela, repetir la operación a la inversa. Es mucho mejor que les encuentres un lugar al que te sea rápido acceder. Si tienes que hacer tantos pasos, ¿de verdad te la pondrás por la mañana mientras controlas la hora que es por el rabillo del ojo para no llegar tarde a trabajar?

Por cierto, te aconsejo que tengas un reloj en el baño. Te resultará sumamente útil tanto para saber de cuánto tiempo dispones para arreglarte si quieres llegar puntual a tus citas como para calcular cuánto tiempo llevas dedicándote a tus rutinas de relax: darte un baño, aplicarte mascarillas, hacerte la manicura y la pedicura…

«Un baño limpio y ordenado hace más fácil y agradable el aseo personal diario»

El baño es una de las habitaciones de la casa en la que más puedes saborear tu privacidad. Hace muchos (pero muchos) años, cuando conocí a Joan Llongueras, de Coblonal Interiorisme, me fascinó el concepto que tenía del baño. Siempre se refería a ellos como «el baño de estar» y en sus rehabilitaciones de viviendas les dedica una importancia especial a los baños introduciendo, en la medida de lo posible, zonas de descanso y relax en estas estancias. El resultado son unos baños acogedores y apetecibles en los que puedes disfrutar dedicándote tiempo a ti y a tu autocuidado. Como siempre dice Joan, en el baño te higienizas tanto por fuera como por dentro ya que el tiempo que te regalas mimándote influye de forma muy positiva tanto en tu bienestar físico como en tu estado emocional.

Por pequeño que sea el baño, puedes convertirlo en tu «baño de estar» y, si tienes la suerte de disponer de un espacio generoso, mucho mejor. Si es así, crea alguna zona de relax para descansar tras un baño caliente o mientras esperas el tiempo necesario para la mascarilla, el secado de las uñas (si te haces la manicura en casa), etc.

Además del aspecto puramente estético y decorativo, puedes tener en cuenta algunos consejos de *feng shui* para tener un baño que te aporte una energía más positiva. Piensa que lo primero que hacemos al levantarnos de la cama es entrar en el baño, por lo que nunca está de más tratar de rodearte de cualquier cosa que te haga sentir mejor desde el inicio de tu jornada aportándote una energía más equilibrada.

No acumules objetos innecesarios o inútiles. El peine roto, el cepillo al que le faltan púas... o cualquier otra cosa que no está en buen estado o has dejado de utilizar. Y, por supuesto, no conserves (por desidia) los botes vacíos; en cuanto se acabe un producto, ¡tira el envase a la basura!

Otra de las cosas que a veces van dando vueltas por el baño son las muestras de producto que nos regalan en las perfumerías para promocionar un artículo. A mí, particularmente, me encantan estos obsequios porque me gusta probar cosas nuevas. Para que no se me olviden, yo los utilizo en cuanto me los regalan. Otra fórmula es ponerlos todos juntos y, cuando vayas a prepararte el neceser de viaje, te lleves esas muestras. Esto es muy práctico porque te ahorra mucho espacio en la maleta.

> **«La organización en el baño es muy importante, ya que suele ser una estancia que se comparte y cada miembro de la familia tiene sus propios artículos»**

En el momento de organizar tu baño, debes tener presente que hay que destinar un espacio a las cosas comunes y definir un lugar para los productos de cada una de las personas que utilizan este espacio. Puedes dividirlo por cajones, estantes o armarios para cada uno. Siempre es aconsejable utilizar igualmente cestos o cajas para cada persona, aunque sus pertenencias estén dentro de un armario. Resulta mucho más cómodo que cada uno saque su cesto con sus cosas. También es más útil en el momento de limpiar el mueble. Te recomiendo que sean cestos o cajas de plástico porque es probable que se derrame algún líquido y podrás limpiarlos mejor que si fueran de fibras naturales. En el caso de que tengas baldas bajo el lavabo y los cestos tengan que estar a la vista, te quedarán mucho más bonitos de fibras. Para evitar que se te estropeen, puedes colocar cajas de plástico dentro o forrarlos con este material.

Si tu baño es pequeño y además lo compartes con más personas, puedes «ganar» algo de espacio colocando en cestas, cajas o neceseres las pertenencias de cada uno de los habitantes de tu casa para que las guarden en sus habitaciones. En el caso de las toallas, es mejor que coloques un perchero para cada uno en el baño, ya que no

Baño realizado por Molins Design.
Foto: Jordi Miralles

es conveniente que las guarden en su habitación, pues suelen estar húmedas. Puedes personalizar cada perchero para evitar confusiones y también destinar un color de toalla para cada uno. No te aconsejo que cuelgues las toallas en la puerta porque la humedad puede dañarla.

En cuanto a la toalla de manos, tienes varias opciones. Una de ellas es que cada uno tenga su juego de toallas de baño y manos. Otra posibilidad es tener una para todos colgada en el toallero. En este caso, deberás cambiarla a menudo, ya que la usaréis varias personas varias veces al día. Si tu baño lo permite, también puedes tener un cesto o bandeja con muchas toallas de tocador que sean de un solo uso. Piensa que, si te decantas por esta última opción, debes tener previsto un recipiente en el que depositar las toallas usadas después de secarse las manos.

En un baño pequeño tienes que agudizar el ingenio para encontrar más superficies de almacenaje. Puedes utilizar el espacio que hay sobre el inodoro para colocar algunas baldas o un armario para guardar cosas.

Hablando del inodoro… Deja siempre los rollos de papel higiénico de repuesto cerca de él. Es un error guardarlos en otra estancia o en un mueble del baño al que no tengas acceso desde el inodoro. Ya sé que ocupan mucho, pero quizá puedas poner un cestito junto a él o una barra que venden en cualquier tienda en la que te caben entre tres y cuatro rollos.

Junto al inodoro, es totalmente necesario que coloques una escobilla y una botella de gel limpiador específico para el sanitario. Si vas tirando un chorrito de gel habitualmente, se mantendrá siempre reluciente. En cuanto a las escobillas, no te compliques mucho la vida. Es mejor que las compres económicas en cualquier bazar y las vayas sustituyendo a menudo.

Y, siguiendo con el inodoro, te recuerdo que el *feng shui* aconseja tener siempre la tapa bajada, así como la puerta del baño cerrada para que no se escape la energía.

EL BAÑO Y LOS NIÑOS

Es muy importante que los niños aprendan desde pequeños a ocuparse de su propia higiene. Por ello, cuanto más divertido y simple se lo hagas, mucho mejor. Para facilitarles la tarea, coloca el perchero de su toalla a una altura en la que no dependan de nadie para cogerla y volverla a colgar cuando hayan terminado.

Pon también un taburete para que accedan con facilidad al lavamanos para lavarse las manos, la carita y los dientes. Cómprales un cepillo y una pasta de dientes que le apetezca utilizar. También existen cepillos cuyas cerdas cambian de color transcurrido el tiempo necesario para conseguir una buena higiene bucal. Si no lo encuentras, basta con poner un reloj de arena o cualquier sistema para medir el tiempo. Por ejemplo, puedes cantar con ellos una canción. De esta forma, asociarán la tarea de lavarse los dientes a una actividad divertida.

Debes tener en cuenta que está muy bien que los niños sean autónomos pero, al mismo tiempo, corres el peligro de que accedan a algún producto que suponga un riesgo para ellos. Asegúrate de colocar cierres de seguridad en puertas y cajones y de dejar fuera de su alcance las medicinas y productos nocivos como el alcohol, tijeras y maquinillas de afeitar, entre otros.

◆

LA ORGANIZACIÓN DEL BAÑO DE UN VISTAZO

Recuerda: la limpieza en el baño es primordial
y el orden es tu mejor aliado.

❱ Ten a mano los productos que utilices a diario de forma que te resulte fácil acceder a ellos.

❱ No acumules productos o artículos innecesarios o que ya no utilices.

❱ Facilita a los niños sus tareas en el baño.

❱ Crea un clima relajante en el baño para disfrutar de tus momentos íntimos.

◆

Vivienda realizada por Egue y Seta.
Foto de Vicugo Studio

La «nueva» normalidad

En los últimos años, el teletrabajo ha llegado abruptamente a la vida de muchas personas. Y, por lo que parece, esta nueva forma de trabajar está firmemente dispuesta a quedarse instalada en nuestras vidas.

Un concepto que debes tener clarísimo es que estás trabajando aunque no estés en tu oficina. Por ello, no hagas nada durante tu jornada laboral que no harías si estuvieras en tu despacho habitual. Muchas personas con las que hablo me cuentan que les encanta teletrabajar porque, como están en casa, aprovechan para poner lavadoras, planchar o hacer cualquier tarea del hogar. Es la mejor manera de que consigas hacer mal las dos cosas. Debes mantener tu horario y delimitar las horas que destinas a trabajar y las que dedicas a hacer otra cosa. Si no lo haces así, corres el riesgo de estar todo el día tratando de hacerlo todo a la vez sin terminar los temas. Te parecerá que lo único que haces en todo el día es trabajar porque, como no le has dedicado la concentración suficiente a tus tareas laborales, al final, tendrás que destinarles más tiempo. Además, si mantienes tu horario, al acabar, lo recoges todo y te dedicas a disfrutar de tu tiempo.

De lo contrario, siempre tendrás por en medio las cosas de tu trabajo impidiéndote descansar. Y el trabajo es muy importante, pero el descanso también.

«Debes mantener tu horario y delimitar las horas que destinas a trabajar y las que dedicas a hacer otra cosa»

En el caso de que no trabajes en casa, seguramente tienes un ordenador y documentación y correspondencia para guardar. Te aconsejo que crees una pequeña zona de trabajo para centralizar todos los papeles de tu casa, las facturas, el ordenador y la tableta.

Si no dispones de una habitación para destinarla a despacho, puedes aprovechar un rincón de tu salón, de la habitación de invitados o de tu propio dormitorio. Es conveniente que puedas ocultarlo con puertas (sobre todo, en el último caso) para que separes tus momentos de ocio del tiempo que dedicas a trabajar o a revisar papeles. Sobre todo, asegúrate de que tienes una cobertura máxima de WiFi y varios enchufes.

Al crear tu zona de despacho, ten en cuenta que necesitarás espacio para la impresora y algunos cajones para centralizar el material de oficina. Te bastará con un paquete de folios, cartuchos de tinta para la impresora, grapadora, bolígrafos, lápices, goma de borrar y perforadora. Yo también suelo guardar en un cajón folios que ya he utilizado por una cara para reciclarlos usando la otra cara para imprimir borradores o tomar notas. De esta manera, no malgasto el papel. Después, los trituro con una pequeña destructora de documentos (que encontrarás en cualquier papelería) antes de depositarlos en el contenedor de papel.

No emplees una superficie de trabajo demasiado pequeña ya que, además de ubicar tu ordenador, te resultará cómodo tener al lado los papeles que estés consultando, el móvil y una taza o un vaso.

Por otra parte, la posición en la que te colocas para trabajar es importantísima y no solemos dedicarle la atención necesaria. Durante el confinamiento, varios amigos me comentaron que sufrían dolores debido al lugar que habían escogido para teletrabajar. La causa era que se instalaban en cualquier sitio (a menudo en la cocina) y estar sentado durante varias horas diarias en un taburete ocasiona que la espalda esté mal colocada y, por lo tanto, produce dolor de espalda, de cabeza y contracturas musculares, lo que contribuye a perder la concentración. Para evitarlo, debes sentarte con los dos pies completamente apoyados en el suelo. Las rodillas tienen que formar un ángulo de más de 90 grados. Mantén la espalda apoyada en el respaldo y utiliza una silla que te permita apoyar la zona lumbar. Los hombros se mantendrán relajados si apoyas los antebrazos en la mesa. La altura de esta también es importante porque el ángulo de los codos no debe sobrepasar los 100 grados. Coloca la pantalla del ordenador a la altura de la vista para que el cuello no esté en tensión, y ten la precaución de mirar hacia algún punto lejano cada cierto tiempo para relajar los ojos.

La ubicación también es muy importante. Estar sentado de espaldas a una puerta genera una sensación de inseguridad que te impedirá concentrarte ya que, inconscientemente, te sientes en peligro. Es pura lógica: si estás absorto en tu trabajo y entra alguien en la habitación sin que lo veas, te dará un sobresalto.

Lo ideal es ubicarse en un sitio de la habitación en el que la espalda quede protegida (por una pared, generalmente) y, a ser posible, en el ángulo de visión más amplio para «controlar» el espacio.

Asegúrate también de recibir la luz correcta para trabajar, tanto si es natural como artificial. Si tienes una ventana detrás de ti, no verás bien la pantalla porque se te reflejará el exterior. Si trabajas con luz artificial, debes tener en cuenta que es mejor que sea cálida; es decir, la luz que tiene una tonalidad más amarillenta. Muchas personas se ponen a trabajar en la cocina (que suele tener una luz fría para que no se altere el color de los alimentos) y la vista se cansa más.

En el caso de que no te sea posible crearte una zona fija de trabajo en ningún lugar de tu casa, siempre puedes guardarlo todo en un armario y, cuando te pongas a trabajar, coges tu portátil y te instalas en la mesa de comedor. Para que te resulte más fácil montar y desmontar tu «despacho improvisado», coloca el material de oficina que vayas a necesitar en una bandeja o en un cesto. Así lo coges

todo a la vez y te será más cómodo volver a guardarlo cuando hayas terminado.

Organiza tus facturas, correspondencia y recibos por temas en archivadores o carpetas. Si los escoges bonitos, puedes colocarlos en la librería del salón. No los escondas demasiado para que no te dé pereza ponerte a clasificarlos. Al abrir el correo, tira directamente toda la publicidad que no te interese y deja tu correspondencia en una caja o bandeja para archivarla cada dos semanas como máximo.

◆

◆

▦ VIDEOLLAMADAS

Una parte importante del teletrabajo son las videollamadas. A lo largo del confinamiento, se produjeron muchos errores garrafales y conexiones esperpénticas que dieron la vuelta al mundo. Para que esto no te ocurra, debes tener en cuenta varios puntos clave.

◆ UBICACIÓN

Empezaremos por la ubicación. Escoge un lugar que sea tranquilo, preferiblemente con puerta. Si vives con más gente, es conveniente que cuelgues un cartel en la puerta informando a los demás habitantes de tu vivienda que estás conectado hablando con alguien.

◆ ACÚSTICA

Verifica que la acústica sea correcta evitando reverberaciones de sonido o eco. Los textiles como cortinas, cojines o mantas en la estancia ayudan a que el sonido se amortigüe y se te escuche mejor.

◈ ENCUADRE

Dirige la cámara hacia un lugar que tengas controlado y en el que nadie pueda pasar por detrás de ti saliendo en la pantalla de tu interlocutor. Y, sobre todo, no te pongas a contraluz. Ilumina tu cara frontalmente. Ahora hay unos aros de luz que son muy económicos y te proporcionan la iluminación adecuada.

Controla también el encuadre para favorecer tu imagen. Debes aparecer centrado en la pantalla. No te coloques la cámara muy cerca para no distorsionar tu rostro. Lo ideal es que la cámara te enfoque desde debajo del pecho y dejes un espacio por encima de tu cabeza. ¡Queda fatal que se te corte la imagen por la frente! Muchas personas piensan que, como las piernas no se les van a ver, se arreglan solo de cintura para arriba y van de cualquier manera en la parte inferior. Es otro de los errores garrafales. Si, por cualquier motivo, se tienen que levantar durante la videollamada para coger alguna cosa, se les ve la indumentaria tan lamentable que llevan puesta.

◈ INDUMENTARIA

De hecho, lo mejor es que estés correctamente vestido aunque no tengas previsto salir de casa ni hacer ninguna videollamada. Es una cuestión de actitud. Si te pasas todo el día en pijama, no puedes estar en disposición de realizar tu trabajo. Tu inconsciente estará en «modo fin de semana» y te costará mucho más concentrarte y terminar tus tareas cuanto antes. Tampoco te vayas al extremo contrario: arreglarte de punta en blanco con una indumentaria que te resulte incómoda. Y, sobre todo, evita ponerte zapatos que hagan mucho ruido para no martirizar a tus vecinos de abajo.

◈ ENTORNO

El entorno en el que te sitúes también debes cuidarlo porque dice mucho de ti. No tengas trastos desordenados detrás de ti ni muchos objetos pequeños porque transmite sensación de caos. Algunas aplicaciones te permiten proyectar un fondo con paisajes o edificios.

También puedes conseguir algún panel o biombo que ocupe la totalidad de tu pantalla.

◆

LA ORGANIZACIÓN DE LAS VIDEOLLAMADAS DE UN VISTAZO

Recuerda: la ubicación es importantísima.

❯ Escoge un lugar tranquilo preferiblemente con puerta.
❯ Colócate en un sitio en el que nadie pueda pasar por detrás de ti.
❯ Busca un encuadre y una luz que te favorezca.
❯ Asegúrate de que se te escucha bien.
❯ Vístete correctamente.

◆

Vivienda realizada por Coblonal
Interiorisme. Foto: Joan Guillamat

Vivienda realizada por Coblonal Interiorisme.
Foto: Sandra Rojo

ZONAS OLVIDADAS

◆

La conquista del espacio

En muchos hogares, hay unas zonas que se tienen desaprovechadas e infravaloradas. En este capítulo te hablaré de las estancias más olvidadas: Recibidor, pasillo, terraza, trastero y garaje.

RECIBIDOR

Es el primer espacio que ves al entrar en tu hogar. Su propio nombre indica que es el lugar que os da la bienvenida a ti, a tu familia y a todas las personas que llegan a tu casa. Otra de las acepciones de esta palabra indica que es el lugar en el que atiendes a las personas que no deseas que traspasen a tu intimidad. Por lo tanto, debes tener muy claros estos dos usos cuando planifiques qué quieres ubicar en él.

Lo más operativo es que tengas a mano en el recibidor las cosas que necesitas a diario para salir a la calle. Como ya te comenté al hablar del salón, para evitar que tu abrigo y los del resto de tu familia acaben tirados en el sofá, coloca un perchero. Así lo dejarás ahí en cuanto entres. Recuerda que, si tienes hijos pequeños, debes colocarles un perchero a su altura para que dejen tanto su abriguito como la mochila del colegio.

También te resultará muy útil ubicar en esta estancia una banqueta, silla o butaca para dejar el bolso. En el caso de que cambies de abrigo y de bolso a diario, en cuanto entres en casa, no te olvides de ir directamente al lugar en el que los tengas para guardarlos en su sitio. En ese caso, junto a los bolsos, ten una pequeña bandeja o cestito en el que depositar todo lo que contiene el bolso que te has puesto, ya que es lo que necesitarás al prepararte el bolso que cojas la próxima vez que salgas.

Un pequeño armario te ayudará a tener en orden los cascos para la moto, las bolsas de deporte y de la compra y los paraguas, sobre todo los plegables. En un recibidor amplio, pon un paragüero para los paraguas grandes. Quedan muy bonitos mezclados con bastones antiguos.

La consola es un básico en los recibidores. Yo te aconsejo que la sustituyas por una cómoda o un mueble de pequeños cajones hasta el suelo para que aumentes el espacio de almacenaje de tu entrada. En ellos puedes guardar gafas de sol, guantes, bufandas o repuestos que pueda necesitar cualquier miembro de tu familia, como bombillas o pilas. También puedes centrar ahí los zapatos para cambiártelos por los de estar por casa en cuanto llegues.

Si no tienes los elementos adecuados para este mueble, será un caos de correspondencia, las llaves de tu casa, del coche, de la moto... Pon una bandeja para dejar el correo cuando entres. Las llaves puedes colgarlas en alguna pared cercana a la puerta en un perchero específico para ellas o colocarlas en un recipiente sobre la consola. Sería más conveniente que no lo escojas de cerámica o porcelana, ya que puede desportillarse en poco tiempo. Ten en cuenta que no es muy aconsejable que estén accesibles a cualquier persona que entre en tu recibidor.

Antes de salir, siempre nos gusta dar un último repaso a nuestro *look*, por lo que el recibidor es el sitio ideal para colocar un espejo en el que te veas de arriba abajo. Siguiendo las indicaciones del *feng shui*, no es adecuado ponerlo frente a la puerta de entrada.

En lo referente a la decoración, recuerda la importancia que tiene la primera impresión. Plantéate qué imagen quieres que perciban tus visitas y qué sensación deseas recibir cuando entres en tu hogar. Piensa que esta estancia es el tránsito entre tu casa y el exterior. Deberías decorarlo con elementos que te refuercen al salir de casa para afrontar tus actividades y, al mismo tiempo, te relajen cuando entres dándote sensación de llegar a tu oasis particular.

◆

LA ORGANIZACIÓN DEL RECIBIDOR DE UN VISTAZO
Recuerda: es la estancia que te da la bienvenida a tu hogar y la que te despide cuando sales.

❱ Un perchero te ayudará a tener los abrigos en orden. Su altura tiene que ser accesible para todos.
❱ Una banqueta, silla o butaca te resultará muy útil para dejar el bolso cuando llegues.
❱ En el armario puedes guardar cascos, paraguas y bolsas de compra y de deportes.
❱ Si sustituyes la consola que siempre se coloca en los recibidores por un mueble con cajones, ampliarás el espacio de almacenaje de tu hogar.

◆

PASILLO O DISTRIBUIDOR

Aunque se trate de espacios muy pequeños, no desprecies la posibilidad de sacarle el máximo partido. Incluso, si es tan estrecho que no te cabe ningún mueble, aprovecha su altura para instalar baldas cercanas al techo para aumentar la superficie de almacenamiento de tu casa. En esos estantes, puedes colocar libros y cosas que no precises con asiduidad. Compra cajas o cestos (mejor con tapa, ya que no es

Vivienda realizada por Molins Design.
Foto: Jordi Miralles

un lugar muy accesible para limpiarlo con regularidad) y almacena ahí ropa de otra temporada o zapatos, por ejemplo.

Aprovecha las paredes para llenarlas de imágenes que te hagan feliz, instala estantes estrechos para exponer recuerdos de tus viajes o pequeñas colecciones.

Si no tienes espacio suficiente en el recibidor para ubicar un espejo de cuerpo entero, es probable que puedas colocarlo en el distribuidor.

En el caso de que sean un poco más amplios, puedes situar ahí el armario de la ropa de casa, ya que no necesitas que sea tan profundo como un armario ropero. La profundidad ideal para tu ropa de hogar es de 40 centímetros. También es un buen sitio para un zapatero o, quizá, puede que te quepa la consola que tenías en el recibidor y que has sustituido por el mueble de cajones.

TERRAZA

Uno de los mayores errores que cometen la mayoría de personas es desatender la terraza y, en contra de lo que pueda parecer, se abandonan más cuando son pequeñas. Recuerda que la terraza forma parte de tu casa y que, aunque sea minúscula, debes ocuparte de ella igual que lo haces del resto de las estancias de tu hogar. No la conviertas en un trastero caótico.

Si solo dispones de un pequeño balcón en el que a duras penas cabes de pie, siempre puedes alegrarlo colocando algunas plantas. Recuerda que si cuelgas las macetas de la barandilla en los soportes específicos para ello es mejor que las pongas hacia dentro de tu terraza. Cada vez en más municipios se está legislando para prohibir que las macetas estén por fuera de las barandillas pero, aunque esté permitido en el lugar en el que vives, si las colocas así te evitarás que se caigan a la calle y provoquen algún accidente.

Tener una terraza grande es un privilegio que debes disfrutar. Es una auténtica pena desperdiciar tantos metros. No te olvides de ella en invierno. Puedes tenerla más montada en verano, pero trata de aprovecharla en cualquier época del año. Para ello, no te compliques demasiado en la decoración porque es un auténtico fastidio tener que desmontar la terraza al acabar el verano y volver a montarla el día que quieras utilizarla fuera de temporada. Trata de colocar mobiliario que no sea necesario proteger y almacenar cuando no la utilices. Últimamente existen tejidos que repelen el agua y rellenos de cojines que se secan rápidamente, con lo que te ahorrarás quitarlos y ponerlos cada vez. Si los que tienes no resisten el agua, almacénalos en un baúl o armario especiales para este fin.

Una vez más debo recordarte que tienes que simplificar al máximo el mantenimiento de tu casa. Es una tontería que estés pendiente del tiempo que hace para salir a recoger todo lo de tu terraza si se pone a llover o si empieza a hacer viento. Para que te despreocupes de tu decoración exterior durante el invierno, utiliza piezas que pesen bastante y que te resulten fáciles de limpiar. En el caso de una segunda residencia a la que no volverás en meses, puedes cubrir el mobiliario con las fundas especiales que venden en grandes superficies y tiendas de jardinería o bricolaje.

◆

LA ORGANIZACIÓN DE LA TERRAZA DE UN VISTAZO
Recuerda: disfruta el exterior de tu casa aunque sea un pequeño balcón.

❱ Coloca las macetas hacia el interior de tu terraza.
❱ No utilices mobiliario y objetos de decoración delicados y de poco peso.
❱ Fuera de temporada, almacena las cosas en armarios o baúles específicos para el exterior.
❱ En las segundas residencias, coloca fundas protectoras especiales.

◆

▪ TRASTERO Y GARAJE

Tener un trastero o garaje lleno de trastos sin clasificar es casi peor que no tener ese espacio adicional de almacenamiento. Para que realmente te resulte útil, organízalo con armarios y estanterías. Piensa que, al igual que en el caso de las terrazas, el trastero también es parte de tu hogar y, en este caso, te aporta una gran cantidad de espacio extra de almacenaje.

Es el lugar ideal para guardar herramientas, equipamiento deportivo y todo aquello que no precises habitualmente. Por ello, es importantísimo que lo etiquetes todo perfectamente. Guardar un montón de cosas sin saber dónde están no te servirá de nada, ya que perderás más tiempo intentando localizar algo que necesites que yendo a comprártelo.

Si esquías, guarda tus esquís, palos y el equipo en armarios. Durante el verano, no lo necesitarás, pero al llegar las primeras nieves querrás tenerlo a mano y lo utilizarás cada fin de semana, por lo que no lo tengas guardado en un sitio inaccesible. Si tienes que meterlo todo en bolsas, coger una escalera y subirlo todo a una estantería cada vez que lo utilices, lo más probable es que todo esté en medio del garaje o del trasero durante la temporada de esquí.

Aprovecha que tanto los trasteros como los garajes suelen ser lugares un poco más fríos y oscuros que el resto de tu casa para almacenar ahí las botellas de vino y de bebidas que ocupan mucho sitio en tu despensa. Colócalas en botelleros para optimizar más el espacio. Además, la mayoría de bebidas se conservan mejor en horizontal.

Si te cabe, te resultará muy útil colocar una nevera para las bebidas y un congelador. De esta forma, te liberas espacio en la nevera de tu cocina y te aseguras de tener siempre bebidas frías para tu familia y tus invitados.

LA ORGANIZACIÓN DEL TRASTERO Y GARAJE DE UN VISTAZO

Recuerda: almacenar cosas en el trastero sin organización es un desperdicio de espacio.

〉 Guarda las cosas ordenadas en armarios y estanterías.

〉 Etiquétalo todo para que lo encuentres con facilidad cuando lo necesites.

〉 Aprovecha para almacenar botellas de vino y bebidas.

Vivienda realizada por Molins Design.
Foto: Jordi Miralles

◆

El centro de la limpieza

estionar la ropa de tu familia y la de tu casa es una tarea que suele resultar muy engorrosa a todo el mundo. Si te organizas bien, te ocupará muchísimo menos tiempo del que le estás destinando y dejarás de sufrir por si vas al día con las lavadoras y la plancha.

Para empezar a reconciliarte con la colada, fija un día a la semana para lavar la ropa. Aunque vivas solo, entre ropa, sábanas y toallas, seguro que llenas una lavadora. Escoge qué ropa de cama, toallas o manteles pones limpios en función del cesto que tengas más vacío. Es decir, si ves que esa semana el cesto de la ropa sucia de color está más lleno, pon sábanas blancas en tu cama. De esta forma, equilibrarás el volumen de los dos cestos y no tendrás que esperar un montón de días para tener suficiente ropa blanca para poder llenar la lavadora. A no ser que tengas una familia numerosa, es preferible comprar una lavadora más pequeña y ponerla más a menudo que tener la ropa sucia mucho tiempo en el cesto.

**«Fija un día a la semana
para hacer la colada»** ◆

Imagino que habrás notado que siempre me refiero a los cestos de la colada en plural. Debes tener, al menos, dos: ropa blanca y ropa de color. En un lavadero amplio, puedes colocar tres: blanco, colores claros y colores oscuros. Asegúrate de que se distinga fácilmente cuál es cada uno para que no acabe una prenda blanca en el cesto de color o viceversa. Por supuesto, doy por sentado que introduces una a una las prendas en la lavadora, por lo que dudo que se te vaya a colar algo de color en tu colada blanca destiñéndolo todo. Te lo digo porque da mucha rabia encontrarte con que no has podido lavar una prenda blanca porque estaba en el cesto de la ropa de color y necesitar esperar hasta la próxima lavadora blanca para tenerla limpia. Puedes adquirir dos cestos del mismo diseño, pero diferente color. Te aconsejo que, si escoges un cesto blanco y otro de color, evites su utilización obvia. Teniendo en cuenta que las prendas blancas resaltan más sobre fondo oscuro, es más recomendable que destines el cesto de color oscuro para la ropa blanca y el blanco para la de color. De esta manera, te evitarás que, con las prisas, se te quede alguna prenda camuflada en el fondo.

Ya verás cuánto tiempo ahorras si clasificas la ropa antes de ponerla en la lavadora. Además, de un vistazo, sabrás si tienes más ropa blanca o de color para lavar. Si, por ejemplo, ves que se te está desbordando el cesto de la ropa blanca, puedes poner una lavadora sin esperar a que llegue el día que te has marcado para hacerlo. Las pautas y las normas son necesarias para el correcto funcionamiento de tu casa, pero tampoco es cuestión de que las consideres inamovibles. No me cansaré de repetirte que eres tú quien controla tu casa, no al revés. Empeñarse en cumplir todas las normas, en hacerlo todo perfecto en tu casa, te convertirá en esclavo de ella. Tu casa es para disfrutarla, no para que tu vida gire en torno a su funcionamiento. La flexibilidad y la improvisación son la salsa de la vida. No seas como un amigo mío que, cuando por fin consiguió que le hiciera caso la chica que le gustaba, no quedó con ella un domingo por la tarde porque es el momento de la semana que él dedica a planchar. La chica nunca más le volvió a llamar porque le pareció que ponía muy poco interés en verla.

«Debes tener, al menos, dos cestos de la ropa sucia. Clasificar la ropa antes de hacer la colada te ahorrará mucho tiempo»

Evidentemente, la organización de la colada varía considerablemente en función del espacio que tengas. En cualquier caso, tanto si vives en un pequeño apartamento como si habitas una gran casa, debes destinar un espacio para la colada. De lo contrario, tendrás la ropa por planchar y doblar desordenada en cualquier lugar. Te explico cómo montarla en los dos casos.

PEQUEÑA ZONA DE COLADA

Personalmente, no me gusta nada instalar la lavadora en la cocina. Una de las razones es que ocupa el hueco del lavavajillas o de un armario y siempre prefiero contar con más espacio de almacenamiento. Por si esto fuera poco, me incomoda bastante el olor del detergente y el suavizante mezclado con el del guiso que esté haciendo.

Prefiero ubicarla en cualquier otro rincón de la casa. En realidad, puedes conseguir todo lo necesario para montar una pequeña zona para la colada en poco espacio. Incluso, puedes meter una lavadora de pequeñas dimensiones dentro de un armario. Lo más complicado es encontrar una tubería cercana para la toma de agua. Plantéate si te cabe en el baño. Puedes camuflarla encargando un armario a medida que haga conjunto con el resto del mobiliario de esta pieza o con una bonita cortina.

Optimizando al máximo el espacio, conseguirás una pequeña área de lavado en la que tengas a mano lo más necesario. Coloca junto a la lavadora los cestos de la ropa. Existen algunos modelos en el mercado en los que están los dos apilados en columna para ocupar menos superficie. Sobre la lavadora, coloca estantes para la plancha, los

Vivienda realizada por Molins Design.
Foto: Jordi Miralles

productos de lavado (detergente, suavizante, pinzas, etc.) y para las bandejas de la ropa limpia. Si cuentas con un poquito más de espacio, pon los dos cestos uno al lado de otro y, sobre ellos, fija una barra para poder colgar camisetas, camisas, faldas y vestidos. De esta forma, se secarán mucho menos arrugados y sin marcas de las pinzas. Por supuesto, las perchas que utilices deberán ser de plástico y gruesas para que no se marque la percha en el hombro de tu prenda. Como ves, esta minizona de colada cabe en cualquier hueco. Ya solo tienes que ocultarla con puertas para que parezca un armario o taparla con una cortina. Si te inclinas por la primera opción, aprovecha el interior de las puertas para colgar cosas que pesen poco.

«Puedes crear una zona de colada en poco espacio»

En el caso de que no tengas más remedio que colocar la lavadora en la cocina, procura destinar un lugar cercano para guardar todo lo relacionado con la colada. Puedes colocarlo en el armario bajo el fregadero junto a los demás productos de limpieza de la casa. En la parte superior de los laterales del armario puedes colgar con perchas adhesivas unas bolsas que contengan las pinzas, las toallitas para que no se transfieran los colores y las bolsas de red especiales para lavar la lencería.

Como, evidentemente, no pondrás los cestos de la ropa sucia junto a la lavadora en medio de la cocina, puedes ubicarlos en el baño, en el vestidor o en tu dormitorio. Escógelos con ruedas para que te resulte más cómodo trasladarlos. Si tus hijos aún no tienen edad para saber distinguir qué prendas van en cada cesto, puedes poner un pequeño cesto en su habitación y la clasificas tú cada semana. Así, estarás acostumbrándolos a que dejen la ropa sucia en su sitio.

Ahora te toca a ti decidir dónde vas a poner la ropa limpia por planchar y doblar. Necesitarás una bandeja o cajón para cada miembro de tu familia y otro para la ropa de casa. Es más cómodo que la coloques en bandejas porque así te la puedes llevar a cada habitación. No dejes la ropa por planchar en un montón de cualquier manera para evitar que se arrugue todavía más. Luego, te costará más plancharla. Dóblala bien y lo agradecerás en el momento de planchar. Las sábanas y manteles los puedes dejar en una bandeja sobre la lavadora en el caso de que no tengas la secadora encima, ¡claro!

En lo referente a las toallas, lo más rápido es que las dobles y las guardes en cuanto las recojas del tendedero o de la secadora, a no ser que seas de las personas que tienen la costumbre de plancharlas. Realmente, quedan muchísimo más esponjosas pero, si no te merece la pena invertir ese tiempo, puedes hacerlo en aquellas ocasiones en las que realmente tengas tiempo disponible para ello. Si vas a plancharlas, déjalas en la bandeja de la ropa de casa. Ten en cuenta que es mejor que las coloques bien dobladas debajo de las sábanas y los manteles para que no los arruguen más debido a su peso.

◆

LA ORGANIZACIÓN DE UNA PEQUEÑA ZONA DE COLADA DE UN VISTAZO

Recuerda: puedes montar una pequeña área de colada en poco espacio.

❯ Fija un día a la semana para hacer la colada.
❯ Coloca el detergente y los productos de lavado lo más cerca posible de la lavadora.
❯ Utiliza cestos de colada con ruedas si tienes que trasladarlos.
❯ Dobla y guarda las toallas en cuanto estén secas.
❯ No apiles de cualquier manera la ropa por planchar.
❯ Destina una bandeja para la ropa limpia para cada persona que viva en tu hogar y otra para la ropa de casa.

◆

LAVADERO

Confieso que me encantan los lavaderos enormes en los que se respira el olor a ropa limpia y el orden. Para mí, son la representación absoluta de la limpieza y la organización.

Ser una de las personas privilegiadas que cuenta con una habitación completa destinada a la colada no es sinónimo de que tengas solucionado el asunto de la colada. Si no cuentas con los elementos necesarios para facilitarte la tarea, es posible que ese cuarto sea uno de los lugares más caóticos de la casa ya que, en general, se llenan de estanterías y armarios pensando que así estará todo ordenado. Pero hacen falta más elementos para que te resulte realmente útil y puedas ocuparte de tu ropa con todo el mimo que se merece.

«Tener un gran lavadero desorganizado puede generarte más caos en casa»

ARMARIOS

En los armarios, guarda la ropa de casa para que quede más protegida del polvo. Coloca los juegos de toallas juntos, ya que es mucho más cómodo coger el bloque de toallas que vas a poner limpias en el baño que tener que buscar la toalla de baño en una pila, la de manos en otra y la de tocador en otra. La verdad es que queda más ordenado guardarlas por tamaños, pero si las tienes por conjuntos en el armario cualquier persona de tu familia sabrá qué tiene que coger y no tendrán que llamarte a ti para que les des las toallas limpias. Recuerda poner siempre el juego completo a lavar aunque no hayas utilizado alguna ya que, de lo contrario, se irán desgastando de forma desigual y, cuando las cuelgues juntas, se verá la diferencia entre la que está más lavada y la otra. Te aconsejo lo mismo para las mantelerías. Pon las servilletas encima o dentro del mantel plegado y lávalo todo junto aunque no hayas usado todas las servilletas.

Para liberarte espacio en la cocina, también puedes utilizar alguno de los armarios del lavadero para guardar los mochos y cubos de fregar, las escobas, el aspirador y demás cosas de limpieza.

En el caso de que cuentes con estanterías en vez de armarios, es más aconsejable que almacenes tu ropa de hogar en bolsas de tela que puedes encontrar en cualquier bazar.

ESTANTERÍAS

Los estantes son el lugar ideal para colocar los productos para la lavadora. Ubica ahí también las pinzas en alguna caja o cesto bonito y los accesorios de lavado como quitamanchas, bolsas de ropa delicada, etc. También es muy útil colgar estas últimas en cestitos o bolsas en la pared cercana a la lavadora. Como habrás visto, he nombrado varias veces las bolsas para la ropa delicada. Son absolutamente necesarias. Te recomiendo que las tengas de varios tamaños. Las más pequeñas son útiles para los sujetadores y lencería delicada. Mete los calcetines y las medias en las medianas. No las llenes mucho para que se laven mejor. En las bolsas grandes, coloca las prendas que tengan algún bordado, aplicaciones de pasamanería, puntillas y cualquier cosa que pueda dañarse en la lavadora. Úsalas también para lavar cualquier pieza que tenga cintas largas para evitar que se enreden.

Al poner la lavadora, ten cuidado de no manchar el cajetín del jabón al verter el detergente y el suavizante. En el caso de que se te caiga un poco fuera de los huecos destinados a ellos, límpialo en ese momento. Si esperas a que se seque, te costará más eliminar los restos resecos. De vez en cuando, y para evitar que se obstruya el conducto, saca el cajetín y lávalo.

ROPA LIMPIA

Coloca también en las estanterías las bandejas de la ropa limpia. De esta manera, tu familia la encontrará fácilmente sin tener que preguntarte. Al fijarte un día para la colada y la plancha, todos sabrán qué día estará lista su ropa. Si en el transcurso de una colada a otra no han ido a recogerla para guardársela en su sitio, no se la guardes tú. Déjales toda la ropa allí hasta que se acostumbren a hacerlo ellos sin que tengas que recordárselo.

¿Tienes problemas para saber qué prendas de ropa interior tienes que colocar en las bandejas de cada uno de tus hijos? Mi amiga Nuria Olmeda, cansada de tener que preguntarles a sus hijos de quién era cada bóxer, decidió que su hijo mayor los llevaría siempre de rayas, su hijo pequeño a cuadros y su marido lisos. Varios años después, sus hijos están encantados y confiesan que se sentirían raros si cambiaran. Para ellos, es casi una seña de identidad. Mi madre, para distinguir la ropa de mis hermanas y la mía, bordaba dos puntos con un color para cada una en el interior de cada prenda. Este es el ejemplo perfecto de lo que te estoy repitiendo desde el principio: no hay una sola manera de organizar tu casa; busca la fórmula que te ayude a optimizar tu tiempo y facilitarte el buen funcionamiento de tu casa.

Tu vida entera agradecerá que tu hogar sea un lugar placentero para ti y dejes de vivir las tareas del hogar como una condena que realizas a regañadientes.

COSTURA

En el lavadero, te resultará muy útil destinar un espacio para dejar las prendas que tienes que coser. Al plancharlas y doblarlas es cuando solemos ver que un botón está suelto o se ha descosido parte del dobladillo, por ejemplo. No guardes esa prenda hasta que esté cosida. Déjala en el lugar del lavadero que hayas destinado y, evidentemente, junto al costurero. Al tener una zona de costura, también sabrás dónde dejar los botones que se te hayan caído o los apliques de algunas prendas que se hayan soltado mientras esperas que estén limpias y secas. Así no los perderás.

PLANCHA

En lo referente a la plancha, te resultará más útil colocar tu centro de planchado en un carrito para poder desplazarlo cómodamente. Por ejemplo, al lavar las cortinas, es mucho más rápido volver a colgarlas directamente de la lavadora para que se sequen. De esta manera, su propio peso hará que se arruguen menos al secar y, si aún así les queda alguna arruga, es más fácil darle un toque de plancha con vapor al máximo estando colgadas que coger tanta cantidad de tela y plancharla en la tabla.

Incluso, si te sientes mal planchando encerrado en el lavadero y apartado de tu familia, puedes trasladarte a planchar al salón mientras ves algo en la televisión con ellos. Así no te dará la sensación de estar realizando una tarea que, a la mayoría de personas, no les gusta nada. Centraliza en el carrito todo lo que necesites para planchar: agua destilada, agua de plancha perfumada, spray para arrugas rebeldes, paños para evitar los brillos al planchar, etc.

TENDEDERO

Muchas prendas de ropa se secan mejor colgadas en perchas que en la cuerda de tender. Y, aunque estén ya secas, se te arrugarán menos si las dejas así que si las amontonas en la pila de cosas para planchar. Coloca una barra para ellas en tu lavadero. Para evitar que las prendas que tienes que lavar a mano goteen el suelo, puedes instalar un desagüe o un pequeño plato de ducha debajo. Si tienes el espacio suficiente para realizar esta instalación, aprovecha y coloca en paralelo al suelo una rejilla de la misma dimensión que el plato de ducha que hayas puesto. Ahí se te secarán los jerséis de lana sin deformarse al dejarlos extendidos en plano.

Trata de encontrar un sitio en tu lavadero para colocar un tendedero. En invierno, la ropa se te secará antes gracias a la calefacción y, al tender dentro de tu casa, no necesitarás poner pinzas en la mayoría de las prendas. Tardas el mismo tiempo en tender mal que en hacerlo bien y, sin embargo, cuanto mejor tiendas, menos rato pasarás planchando. Cuando veo la ropa tendida de mis vecinos de arriba, me dan ganas de subir a enseñarles.

«Tardas el mismo tiempo en tender mal que en hacerlo bien»

Al tender, piensa dónde se pueden ver menos las marcas de las pinzas en cada prenda. Ese es el sitio en el que las debes poner. En el caso de los polos, camisetas de manga corta o larga, el mejor sitio es en la sisa. Generalmente, no vas por la calle con los brazos extendidos en cruz, con lo cual, la posible marca de la pinza quedará disimulada con las arrugas que se crean de forma natural en la zona de la axila. Si las tiendes poniendo las pinzas en los hombros, se te quedarán unas marcas que no podrás disimular, aunque seas un virtuoso de la plancha. Lo mismo sirve para los vestidos y camisas en el caso de que no hayas encontrado un lugar para poner una barra para que se sequen en la percha. Tenderás mejor las faldas y pantalones por la cinturilla, ya que, seguramente, llevarás cinturón y taparás las posibles marcas. Al tender jerséis, procura que las mangas no queden colgando ya que el peso del punto mojado hará que se te estiren demasiado. Apoya los extremos de las mangas en la cuerda.

En el caso de las sábanas, funciona exactamente al contrario de lo que piensa la mayoría de las personas. Si las tiendes dobladas, se te arrugarán mucho menos. Al tenderlas por las esquinas y dejar que quede toda la tela colgando, se cede la zona de la tela en la que has puesto las pinzas. Además, es probable que el aire las enrolle en la cuerda, con lo que se te arrugarán mucho más. También debes tener en cuenta un dato que la mayoría de las personas no consideran cuando su tendedero está en el exterior. El suelo de tu casa es el techo de la vivienda inferior. Al tender tus sábanas totalmente desplegadas, inevitablemente parte de ellas está invadiendo el espacio de los vecinos. Y, sinceramente, ¿a alguien le gusta salir a su galería a tender su ropa y encontrarse en su cara las sábanas de sus vecinos de arriba?

Otra cosa que no debes hacer es dejar las pinzas en las cuerdas cuando recojas la ropa seca. Es mucho más rápido quitar la pinza de

141

la ropa y depositarla en el cesto que tengas preparado que volver a colgarla en la cuerda. Si las dejas ahí, seguramente, te molestarán cuando vayas a tender la próxima lavadora. Fíjate en la sensación de desorden y dejadez que da ver una cuerda de tender sin ropa y llena de pinzas sujetando nada. Si, encima, tienes un tendedero exterior, piensa en todo lo que habrán acumulado las pinzas expuestas a la intemperie: suciedad, agua de lluvia (que no es tan limpia como te crees), polvo, óxido del muelle del mecanismo... Pues estás sujetando tu ropa recién limpia con toda esa porquería.

▨ MESA

En el diseño de tu lavadero no puede faltar una superficie grande para doblar las prendas con comodidad. Lo mejor es que esté situada a modo de isla central para que puedas acceder a ella por todas partes. En esta isla, puedes colocar cajones grandes para guardar tu ropa de hogar lo más extendida posible. Ten en cuenta que los cajones deben tener poca profundidad, ya que te resultará muy incómodo sacarlo todo si quieres acceder a algo que esté al fondo. Recuerda que las piezas que tengas debajo de todo se arrugarán menos si les pones poco peso encima.

Si forras la superficie con el material del que están hechas las fundas de las tablas de planchar, podrás aprovecharla para planchar sábanas, manteles y piezas de gran tamaño. En general, es una pesadilla tratar de planchar estas piezas tan grandes sobre las dimensiones tan pequeñas que tienen las tablas normalmente. Utilizando este sistema, no volverás a sufrir porque te arrastran por un lado y se te arrugan por otro.

LA ORGANIZACIÓN DEL LAVADERO DE UN VISTAZO

Recuerda: un lavadero desorganizado es una pérdida de espacio.

❯ Guarda tu ropa de hogar dentro de los armarios.

❯ Dobla bien la ropa que tienes por planchar.

❯ Destina un lugar junto al costurero para la ropa que debes coser.

❯ Si tiendes bien, te ahorrarás mucha plancha.

❯ Coloca un tendedero dentro de casa si dispones de espacio suficiente.

Foto: Ana Samper

REORDENACIÓN DRÁSTICA

◆

¡Que no cunda el pánico!

Hay momentos en la vida en los que tienes que recolocar la casa entera por diferentes razones o vaciarla para dejarla o venderla. Los motivos más traumáticos son el fallecimiento de un familiar y la separación del cónyuge.

En ambos casos, experimentarás una cascada de sentimientos que debes procesar. Es importante que no los bloquees, pero es igual de conveniente que no te recrees en ellos. Sentirás dolor, pena, rabia, indignación… Déjalos salir. Si te apetece llorar, hazlo. Puede ser que hasta te den ataques de risa al encontrar algún objeto o una foto que te recuerde algo muy divertido. No te contengas. Tienes que vivir el duelo porque, de lo contrario, te acabará saliendo todo ese dolor más adelante. Es necesario pasar el proceso en su momento para poder superarlo. Cuanto antes lo hagas, antes saldrás adelante.

Si no te ves capaz de realizarlo, pide ayuda a tus amigos. Realizar la tarea con ellos será mucho más llevadero.

Te enfrentarás a la decisión de seguir viviendo en esa casa o, por el contrario, de desmontarla y dejarla vacía para venderla. Debes afrontar el proceso de ordenación drástica de forma diferente.

◾ VACIAR LA CASA POR FALLECIMIENTO

Trata de hacerlo lo antes posible. Cuanto más tiempo tardes en enfrentarte a la situación, más doloroso será, porque el proceso de deshacerte de sus pertenencias volverá a remover todo tu pesar.

Antes de iniciar el proceso, haz un repaso rápido de la nevera para evitar encontrarte alimentos en mal estado cuando te dediques a la cocina. Lo más aconsejable es dejar esa estancia para el final ya que, de esta manera, podrás disponer de bebidas frías, comer algo y hacerte café o alguna infusión durante los días que destines a esta tarea.

No te pongas a desmontar la casa por estancias. Es mucho más operativo que lo hagas por categorías, porque podrás ir llamando a las empresas que se llevan las cosas e irás viendo cómo se va vaciando. Si lo vas haciendo por estancias, un día llevarás ropa a un centro, al día siguiente encontrarás más ropa en otra habitación obligándote a volver al centro y así sucesivamente. Además, si tienes una cantidad considerable de cosas para donar, seguramente te las irán a recoger a casa. Si lo haces poco a poco, tendrás que llevarlas tú. Conseguirás agotarte y que se te haga interminable.

Empieza por su ropa y sus objetos personales ya que, así, irás asumiendo su pérdida. Seguramente, esa es la parte más dolorosa. Escoge un centro de operaciones (la mesa del comedor o la cama son una buena opción) y ve por toda la casa recogiendo su ropa. Colócala toda junta en el lugar que has escogido, selecciona las prendas que quieres conservar y clasifica el resto para donarla. Te reconfortará la idea de saber que la ropa de tu ser querido será de utilidad para alguien.

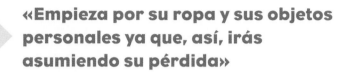

«Empieza por su ropa y sus objetos personales ya que, así, irás asumiendo su pérdida»

Seguramente, querrás quedarte sus objetos personales como relojes, joyas, gemelos… La mayoría de las veces se quedan en un cajón porque no son de tu estilo o te van grandes o pequeños. En el caso de que no te sirvan o no te gusten, puedes venderlos o subastarlos. Una buena idea es rediseñarlos de manera que puedas ponértelos. Puedes convertir unos gemelos en pendientes, un broche en un colgante… Es una forma de disfrutarlos y llevarlos contigo, pero a tu gusto. Te sentirás mucho mejor transformándolos y luciéndolos que dejándolos abandonados en el joyero. Plantéatelo como que les estás dando una segunda vida.

Sigue con la ropa de hogar. Una vez más, recorre toda la casa buscando las piezas para llevarlas al centro de operaciones. Revisa las sábanas, colchas, manteles, etc. que hayas encontrado y divídela en tres montones. Las piezas que quieres quedarte, las que no te interesan pero están en buen estado, y las que están deterioradas. Estas últimas puedes donarlas a refugios de animales o guardarlas por si las necesitas para empaquetar cosas más adelante. Dona las que pueden utilizarse, pero no te sirven. En este apartado, no te olvides de incluir las cortinas de la casa.

Cuando hayas terminado con su ropa y la ropa de casa, llévatela o llama para que la vayan a recoger. Debes ir cerrando etapas y viendo cómo se va vaciando la casa. Así sentirás que estás avanzando en la tarea y dejarás de verlo como un reto inacabable que te supera. Si tienes mucha cantidad, puedes llevarte la ropa personal cuando la tengas lista y, luego, la lencería de hogar, aunque si puedes hacerlo todo de un viaje o conseguir que te las vayan a buscar, ahorrarás tiempo.

«Debes ir cerrando etapas y viendo cómo se va vaciando la casa»

Ahora le toca el turno a los objetos de decoración. Date una vuelta por la casa y ve cogiendo las piezas que quieres conservar. Llévalas al centro de operaciones y empaquétalas para llevártelas lo antes posible. Examina si, entre las que has dejado, hay alguna de valor que puedas vender o subastar: candelabros o marcos de plata, cuadros o esculturas de algún autor conocido, cerámica antigua… y ponlos en un sitio aparte. Hazles fotos para tener una tasación aproximada. De esta manera, te evitas tener que cargarlos de un sitio a otro para que te los valoren.

Deja el resto de elementos de decoración donde están. Cuando hayas terminado de clasificarlo todo, tendrás que buscar la manera de vaciar la vivienda. Hay empresas que se dedican al vaciado de pisos. Habla con varias para que te hagan un presupuesto. En el caso de que tengas muebles y objetos de algún valor, pueden llevárselos sin coste o, incluso, pagarte algo por ellos. Pero, en la mayoría de casos, tendrás que pagarles tú por su servicio.

Haz la misma operación con los libros. Separa los que quieras conservar, fotografía los que puedan tener valor y coloca todos los que queden en el centro de operaciones para dividirlos. Vender libros usados es un poco más difícil. No te comprarán libros subrayados o marcados con algún nombre. Tampoco les interesan las colecciones ni las enciclopedias. No te compliques y dónalos a cualquier biblioteca. El resto puedes venderlos al peso.

Ahora que ya tienes la casa bastante vacía dedícate a la cocina. Hazlo también por partes. Primero la vajilla, cristalería y cubertería. Sigue el mismo procedimiento. Tira la que esté en mal estado, empaqueta la que quieras quedarte, haz fotos de las piezas que creas que tienen valor y dona el resto.

En cuanto a las sartenes y cacerolas, tira las que estén dañadas y dona las demás. Puedes vender los pequeños y grandes electrodomésticos, junto con las televisiones y equipos de música, en tiendas de segunda mano o webs de productos usados.

Llegados a este punto, solo te queda decidir qué haces con los muebles. Cuando fallecieron mis padres, mi amiga Pilar Eyre me dijo que, al principio, querría conservar la mayoría y me pasaría un tiempo con mi casa llena de sus muebles, y que, pasado un tiempo, me iría deshaciendo de ellos poco a poco. Y tenía razón. A pesar de seguir su consejo quedándome solo los que tenían una ubicación clara en mi casa, unos años después he ido desprendiéndome de casi todos. A no ser que tengas muebles antiguos y valiosos (en cuyo caso ya sabes que tienes que hacer fotos y buscar varias tasaciones), no conseguirás mucho beneficio económico, por lo que lo más rápido es que busques empresas que se dedican a vaciar pisos y le vendas todo lo que queda en la casa a la que mejor te lo valore. Seguramente, algún conocido tuyo se habrá visto en la misma situación y podrá recomendarte alguna empresa. En varias provincias, la Fundación Reto te solucionará el problema.

Cuando tengas la casa vacía, date un paseo por todas sus habitaciones y despídete de ella. Cierra el ciclo. Agradece los buenos momentos que has vivido allí y llénate de los recuerdos agradables que has compartido con esa persona que ya no está.

◆

DESMONTAR UNA CASA DE UN VISTAZO

Recuerda: debes desmontarla lo antes posible para iniciar el proceso de duelo.

❱ No intentes vaciarla por estancias, hazlo por categorías de elementos para ir vaciándola.
❱ Deja fluir todos los sentimientos que experimentes.
❱ Mira primero si hay algún alimento perecedero en la nevera.
❱ Empieza por la ropa y los objetos personales.
❱ Si crees que hay piezas de valor, hazles fotos para pedir tasaciones.
❱ Al final, recurre a una empresa de vaciado de pisos.
❱ Cuando esté vacía, despídete de la casa y agradece los momentos buenos que te ha dado.

◆

RECOLOCAR LA CASA TRAS UNA SEPARACIÓN PARA SEGUIR VIVIENDO EN ELLA

Por el contrario, si vas a seguir viviendo en esa casa tras separarte de tu cónyuge, debes ir organizándote habitación por habitación. Es como si fueras reconquistando tu hogar.

Doy por hecho que tu pareja ya se ha llevado sus cosas. Si no es así, empaquétalo todo y envíaselo. No te eternices esperando que encuentre el momento de organizarse. Tú debes tomar las riendas de tu vida cuanto antes.

Date una vuelta por la casa. Agradece el tiempo feliz que has pasado en ella y despídete de la situación actual para darle la bienvenida a la nueva etapa. Mientras caminas por ella, siéntela tuya y piensa cómo quieres organizarla a partir de ahora. Es probable que tu pareja tuviera un despacho que ahora puedes convertir en tu vestidor o en lavandería y cuarto de plancha. Quizá puedas cambiar la ubicación de tu dormitorio y colocarlo en otra habitación. También puedes ir viendo qué muebles puedes mover a otras estancias para darle una nueva imagen a tu hogar. Cualquier cambio que hagas, por pequeño que sea, te ayudará a sentir que estás retomando tu vida sin tu ex.

Precisamente, el dormitorio es la primera estancia que debes reorganizar, ya que es la que más te recordará a tu expareja. Además, es muy importante que puedas descansar bien y, para ello, lo mejor

es que lo hagas desde tu nuevo dormitorio. Sería ideal que pudieras hacer algún cambio importante como la cama. Pero, con algunos pequeños retoques, te dará la sensación de que estás estrenando tu habitación y, con ello, tu nueva vida. Puedes comprar unas cortinas nuevas o poner ahí las de otra habitación, cambia los cuadros de sitio o intercámbialos con los de otro cuarto, compra ropa de cama nueva… ¡Incluso dale una mano de pintura para ver las cosas con un nuevo color!

Todo esto te llevará poco tiempo pero, sin embargo, habrás hecho un gran avance.

Después, lánzate al armario o vestidor. ¿Verdad que es una maravilla tener tanto espacio ahora? Saca toda tu ropa y repite la operación que he descrito en el capítulo dedicado al armario y al vestidor. Si hay alguna prenda que no te guste nada, dónala o véndela en alguna web de segunda mano. Estás empezando una nueva vida y todo tiene que encantarte y aportarte sentimientos bonitos. Es muy probable que te apetezca lanzarte a probar una nueva imagen, por lo que un cambio en tu indumentaria (o, incluso, en tu pelo) será muy positivo. Por eso es muy importante que, después del dormitorio, te dediques a tu ropa.

A continuación, adéntrate en el baño. De nuevo, piensa en lo fantástico que es poder colocar mejor tus cremas y tus perfumes ahora que ya no tienes que compartirlo. Disfruta de tu nueva situación: date un largo baño relajante, ponte mascarillas en el pelo y en la cara, hazte la manicura y la pedicura. Puedes quedarte en el baño todo el tiempo que quieras sin miedo a que te interrumpan. ¿A que es fantástico?

Una vez más, piensa qué cambios puedes hacer para que se vea diferente: cambia las cortinas de la ducha, coloca algún vinilo divertido en la mampara, cambia los cuadros, compra toallas nuevas, pon algún mueble auxiliar. Cualquier cosa que te haga sentir bien.

Ahora que ya has conseguido reconquistar tus espacios más personales, le toca el turno al salón. Probablemente, tu ex se haya llevado algún mueble, objetos decorativos y libros. ¡Pues es el momento ideal para comprar cosas nuevas! Dale un nuevo aire al salón y hazlo más a tu gusto. Recuerda tener en cuenta algunos detalles como cortinas, cojines, mantitas. Gracias a los complementos, puedes tener una imagen completamente diferente del salón que compartías con tu pareja.

Continúa con la cocina y el resto de estancias. Antes de lo que crees, estarás estrenando casa y saboreando tu nueva vida.

RECONQUISTAR LA CASA DE UN VISTAZO

Recuerda: realiza algún cambio para sentirte en tu nuevo hogar.

❯ Despídete de tu casa y de tu vida anterior con tu pareja agradeciendo los buenos momentos vividos.

❯ Realiza los cambios que puedas para darle un nuevo aire a tu hogar.

❯ Ve organizando la casa estancia por estancia.

❯ Empieza por el dormitorio, continúa por tu ropa y por el baño.

❯ Valora todas las ventajas que tiene tu nueva etapa.

Foto cedida por Ana Samper:
fundadora de Orden, y con cierto

MUDANZA

◆

Una nueva vida

L a palabra mudanza lleva asociada la idea de estrés, agobio, caos y desorden cuando, en realidad, debería proporcionarnos sensación de ilusión por la nueva vida que empezamos. La buena noticia es que, si sigues unos simples pasos, podrás conseguir que tu traslado sea muy llevadero. Vamos a dividir el proceso en tres fases:

— Preparación de la mudanza
— Día de la mudanza
— Asentamiento en tu nuevo hogar

PREPARACIÓN DE LA MUDANZA

Lo primero que tienes que hacer es visualizarte en tu nuevo hogar. ¿Qué muebles vas a aprovechar? ¿Dónde vas a colocarlos? ¿Cómo vas a decorarlo? Es importante que tomes medidas de la vivienda a la que te trasladas y verifiques que los muebles van a caber. No dejes nada a la improvisación porque, incluso teniéndolo todo planificado, siempre surgirán imprevistos que debes solucionar con rapidez. En ocasiones, un simple centímetro puede estropear tu planificación y generarte el temido estrés que queremos evitar.

«Toma medidas y verifica que tus muebles caben en tu nueva casa»

◆ PRESUPUESTOS

Cuando tengas claro qué vas a llevarte, pide varios presupuestos y fija la fecha de tu traslado. Te aconsejo que te hagan un presupuesto cerrado. Para ello, tienes que tener claro qué cosas vas a empaquetar tú y qué muebles tienen que empaquetar los empleados de la empresa de mudanzas.

Lo mejor es que un responsable de la empresa que has seleccionado se acerque a tu casa y se haga una idea del volumen de cosas para trasladar y del tiempo que van a necesitar sus operarios. Allí también verá las dificultades que pueden tener para sacar tus muebles y enseres. En este sentido, yo siempre prefiero pagar el extra que supone la plataforma elevadora porque luego lo ganas en tiempo y, créeme, lo agradecerás, porque el día de la mudanza se te hace muy largo. Para ello, la empresa sabrá si necesita permisos para cortar la calle o si tienen espacio suficiente en la acera. Las autorizaciones, permisos y la señalización de las calles de tu casa de origen y la de destino las realizan ellos.

También es importante de cara al presupuesto (y a tu organización económica) que sepas si la empresa de mudanzas te va a dejar cajas y materiales de embalaje un par de días antes o vas a ir tú a comprarte cajas, plástico de burbujas, precintos, etc. Si tienes confianza con algún comercio cercano, puedes pedirles que te vayan guardando cajas para ahorrarte esa partida. Ten en cuenta que las cajas tienen que ser resistentes y de varios tamaños.

Una vez reservas el día, ¡empieza la cuenta atrás! No te presiones innecesariamente poniéndote una fecha muy cercana. Aunque hayas escogido que empaquete la empresa de mudanzas, tienes muchas cosas que hacer antes de ese día.

⬥ SELECCIÓN DE OBJETOS

Empieza por deshacerte de las cosas que no vas a trasladar a tu nuevo hogar. Además de las más de 20 mudanzas que he hecho yo a lo largo de mi vida, también he ayudado a realizar varias mudanzas a familiares y amigos y, en muchas ocasiones, veo con horror que hay cajas enteras llenas de cosas que se deberían haber tirado en vez de empaquetarlas. Es una pérdida de tiempo y de espacio. Cuando desembarcan todas las cajas en tu nueva casa, siempre se tiene la sensación de que no va a caber todo. Así que asegúrate de que cada cosa que llega es lo que quieres tener.

«No traslades nada que no quieras tener en tu nuevo hogar»

Es muy aconsejable que la decisión de desprenderse de objetos se tome en familia. Cada miembro tiene que decidir qué va a conservar. A muchas personas les cuesta adaptarse al principio, así que hay que evitar por todos los medios echar de menos algo al instalarse en el nuevo espacio.

Algunos objetos rotos o deteriorados puedes tirarlos directamente. Los que están en buen estado pero no los vas a querer puedes donarlos, regalarlos a alguien que sepas que le va a hacer ilusión o venderlos en webs de segunda mano.

Si estás pensando en deshacerte de toallas, cojines o colchas, piensa que los puedes utilizar para envolver cosas delicadas. En ese caso, sí que está justificado que te los lleves y los tires al llegar a la nueva casa.

⬥ EMPAQUETADO

La empresa de mudanzas puede empaquetar tus cosas pero yo prefiero hacerlo personalmente. Si no te ves capaz o simplemente no te apetece, puedes contratar a alguien especializado en este tema. Si crees que la mudanza te va a desbordar, adquirir este servicio es una buena opción. Ana Samper (experta en mudanzas y fundadora de Orden, y con cierto) me comentó hace unas semanas que muchas personas creen que pueden afrontar una mudanza en pocos días y, cuando ven que tienen que tomar muchas decisiones y se les tira el tiempo encima, se dan cuenta de que la situación les ha superado. Así que, antes de que sea tarde, analiza tus capacidades reales y, si ves que no puedes hacerlo, busca ayuda.

«Si te supera la mudanza, contrata a un profesional»

◆ ETIQUETADO DE LAS CAJAS

Lo primero que tienes que hacer es prepararte unas etiquetas en las que indiques en qué habitación de tu nueva casa va a ir esa caja, una pequeña descripción de lo que contiene y el número de caja.

Puedes imprimirte etiquetas adhesivas en la impresora. Este es un ejemplo de cómo deberías hacerlo:

HABITACIÓN:...
CONTENIDO:...

....
CAJA NÚMERO:............... / ....

Cuando cierres cada caja, escribes con rotulador grueso:

HABITACIÓN: .... Salón...............
CONTENIDO: ....Novelas...............
.... Manta gris ....
CAJA NÚMERO: ....I.............../...........8...............

En una libreta aparte, ve apuntando una descripción mucho más detallada del contenido. En la etiqueta, pon simplemente las piezas más relevantes.

En cuanto a la numeración de las cajas hay dos posibilidades:

— Numerar las cajas por estancias:

Es decir, empezar por el número 1 en cada habitación. De esta forma, sabrás cuántas cajas tienes de la habitación principal, cuántas del salón, cuántas de la cocina, etc.

La ventaja es que sabrás de inmediato si te han llegado todas las cajas de cada estancia. El inconveniente es que no podrás saber cuántas cajas tiene cada habitación hasta que la hayas empaquetado toda.

— Numerar todas las cajas:

Las vas numerando según las vas cerrando. Como tienes la lista con el contenido detallado de cada caja, al terminar, podrás contar cuántas tienen que llegar a cada habitación.

Si contratas los servicios de una empresa experta en organización de mudanzas, recuerda que debe entregarte copia del listado con la descripción completa de cada caja.

También puedes adquirir etiquetas adhesivas de color llamativo en las que aparece la palabra FRÁGIL. Así te aseguras de que las personas que realizan tu mudanza saben que esas cajas se deben poner siempre encima de las demás para que no soporten el peso de otras más pesadas.

Como es lógico, empieza empaquetando cosas que no son necesarias para tu día a día.

LIBROS

Utiliza cajas pequeñas porque, de lo contrario, no podrás moverlas. Es un error pensar que, como las cajas las cargarán los empleados de la empresa que contrates, da igual cuánto pesen. Piensa que tú también tendrás que moverlas en algún momento ya que, para poder moverte con comodidad, tendrás que apilarlas tanto en el domicilio que dejas como al llegar al nuevo. Además, si las cajas pesan mucho, se pueden romper y se desparramarán tus cosas por el camión o por la calle.

Si tienes libros grandes que no caben en cajas pequeñas, puedes empaquetarlos con cosas que no pesen como mantitas o cojines.

◆ CUADROS
En tiendas especializadas, encontrarás unas esquineras de cartón para proteger los marcos.

Si los cuadros son pequeños, es más seguro empaquetarlos de dos en dos con los cristales hacia dentro. Coloca un cartón o plástico de burbujas entre los dos cristales, luego envuelves los dos cuadros juntos y, finalmente, los proteges con cartón. Siempre que empaquetes algo que contenga cristal, es conveniente indicarlo en la caja para que los operarios lo sepan.

◆ OBJETOS DECORATIVOS
Los objetos delicados (como jarrones de cristal) debes protegerlos con plástico de burbujas. También puedes envolverlos en toallas o mantas o colocarlos entre cojines.

◆ ROPA DE FUERA DE TEMPORADA, TOALLAS Y ROPA DE CASA
Aconsejo ponerlas en bolsas de plástico y colocarlas en cajas. De esta forma, las protegerás de que se impregnen del olor característico a cartón y, además, evitarás que se enganchen con el cartón o se manchen si se moja la caja por cualquier causa.

Ten en cuenta que la ropa de casa (sábanas, manteles, etc.) pesa bastante, así que utiliza cajas pequeñas. Las toallas puedes empaquetarlas juntas o utilizarlas para envolver cosas delicadas.

Prepara una caja con las cosas que vayas a necesitar al llegar a tu nueva casa: un juego de toallas para cada uno, sábanas para cada cama y algún mantel o individual si quieres. Indica al personal de la mudanza que te deje esas cajas indispensables en un sitio accesible.

PRODUCTOS DE HIGIENE

Puedes ir guardando las cosas que no uses a diario, como las mascarillas de cara y pelo. Prepárate un neceser con los productos que tengas que usar los primeros días en tu nuevo hogar, como gel, champú, cremas…

El día de la mudanza, ten previsto tener jabón de manos y alguna toalla o un rollo de papel para lavaros las manos.

Por otro lado, te aconsejo que te dejes a mano para el día de la mudanza alguna lima o tijeras de uñas porque es muy habitual que alguna uña se te astille o rompa al mover las cajas. También puedes prepararte un pequeño botiquín, porque es muy probable que te hagas algún pequeño corte o herida al abrir las cajas.

Una amiga mía hace las mudanzas con guantes, pero a mí me resulta muy incómodo. Igual a ti también te funciona.

VAJILLA Y CRISTALERÍA

Puedes dejarte unas cuantas piezas para los últimos días o comprarte cosas desechables. En cualquier caso, no lo dejes para el final porque es muy laborioso.

Empaqueta los platos de 2 en 2 o, máximo, de 3 en 3. Yo pongo entre plato y plato un poco de plástico de burbujas o algo que impida que rocen entre sí. Después, los fijo con cinta de carrocero para que no se muevan y los envuelvo en plástico de burbujas.

En muchos bazares, locales de alquiler de trasteros y empresas de material de embalaje, puedes encontrar cajas especiales con separadores para las copas y los vasos. Yo los empaqueto de uno en uno con plástico de burbujas. Si tienes piezas muy delicadas, puedes recurrir a rellenar las cajas con gusanitos de poliestireno expandido. Eso protegerá mucho más tus cosas.

◆ CUBERTERÍA
Envuelve las piezas en papel de seda para que no se arañen. Protege los cuchillos afilados con plástico de burbujas o con trapos de cocina. De esta forma, preservarás el filo y, lo que es más importante, no te cortarás al sacarlos de la caja.

◆ DESPENSA
Utiliza cajas pequeñas porque los botes de la despensa también suelen pesar bastante. En cualquier caso, ten la precaución de no hacer acopio de muchas cosas antes de tu traslado. Es mejor ir terminando lo que tienes y hacer una compra generosa en tu nueva casa.

◆ PRODUCTOS DE LIMPIEZA
En ocasiones, para optimizar el espacio en el camión, los operarios giran las cajas para encajarlas mejor en los huecos que quedan. Por ello, indica en las cajas que hay líquidos y que no las vuelquen.

Foto cedida por Ana Samper: fundadora de Orden y con cierto

◆ ROPA DE USO
La empresa de mudanzas te puede proporcionar cajas especiales para guardar la ropa. Llevan una barra como si fuera un armario y solo tienes que descolgarla y colgarla ahí. A mí me gusta meter las piezas de ropa en portatrajes de tela que encontrarás en cualquier bazar. De verdad que el olor del cartón es muy peculiar y se queda impregnado en la ropa.

◆ ARTÍCULOS IMPRESCINDIBLES
Prepárate una bolsa para centralizar todas las cosas importantes que no deberías meter en cajas: llaves, medicación que estés tomando,

ORIGEN SALÓN   ORDEN Y CON CIERTO
CONTENIDO COPAS / J.CAFÉ
DESTINO   COJÍN
SALÓN
N° CAJA   1

cargadores de dispositivos, documentos, joyas, etc. Es más aconsejable que lo lleves tú porque lo tendrás controlado en todo momento y, cuando llegues a tu nueva casa, te evitarás los nervios de buscar el cargador del móvil o la medicina que tienes que tomar.

MALETA PARA UNA SEMANA

Hazte una maleta con todo lo necesario para la primera semana. Esto te proporcionará tranquilidad ya que, al saber que puedes desarrollar tu vida con normalidad a pesar de tener tu nueva casa llena de cajas, te evitas el estrés de ir abriendo cajas de cualquier manera para buscar la ropa interior o un zapato que necesitas.

Puedes dejar las maletas listas para que las trasladen los empleados de la empresa de mudanzas. Tú bastante tienes con llevar tus ordenadores, dispositivos y tus bolsas de cosas imprescindibles e importantes.

◆ MUEBLES

Para proteger tus muebles de arañazos durante el traslado o que se te manchen las tapicerías, es mucho mejor que los embales. La empresa que hayas contratado siempre llevará mantas para protegerlos, pero nunca está de más ser precavido.

Puedes enrollar los muebles en plástico elástico. Es similar al film transparente que utilizas en la cocina pero los rollos son mucho más grandes y el film es más grueso. También puedes adquirirlo en color negro. De esta manera, tanto la gente que pase por la calle como tus vecinos no cotillearán tus muebles.

Si el mueble tiene algún elemento desmontable como lejas o baldas, quítalas antes de empaquetarlo y guárdalas por separado.

Si alguna pieza de mobiliario tiene cristal, ten la precaución de indicarlo.

Existen fundas de plástico especiales para colchones, sofás y butacas. Algunas empresas de mudanzas te las pueden proporcionar. Infórmate en el momento de contratar sus servicios. Resulta mucho más cómodo que los empleados de la empresa te coloquen esas fundas.

◆ ELECTRODOMÉSTICOS

Generalmente, se pega el cable de la corriente al electrodoméstico para que no se caiga ni vaya arrastrando por la calle. Si utilizas cinta de precinto marrón, es más que probable que se te quede manchado el electrodoméstico. Por tanto, te aconsejo que tengas cinta de precinto transparente para estos casos.

Ten en cuenta que deberás esperar unas 12 horas antes de volver a enchufar la nevera en tu nueva casa.

En las últimas mudanzas que he realizado, los operarios me han pedido que encienda la televisión para verificar que funciona y, al llegar a la nueva casa, se vuelve a conectar para asegurarse de que no se ha dañado durante el traslado. Así que no guardes los mandos y los cables para conectarla.

◆

LA ORGANIZACIÓN DE LA PREPARACIÓN DE LA MUDANZA DE UN VISTAZO

Recuerda: no traslades nada que no quieras tener en tu nuevo hogar.

》 Pide varios presupuestos.
》 Selecciona las piezas que vas a conservar y las que descartas.
》 Toma medidas para asegurarte de que tus muebles van a caber.
》 Decide si vas a empaquetar tú o lo hará la empresa de mudanzas.
》 Etiqueta las cajas.
》 Haz una lista con el contenido detallado de cada caja.
》 Busca cajas resistentes y de varios tamaños.
》 Prepara una maleta con lo necesario para la vida cotidiana durante una semana.
》 Centraliza en una bolsa o maleta las cosas importantes: documentos, llaves, cargadores de dispositivos, medicación, gafas, y llévalo contigo.
》 La cinta de precinto marrón mancha los electrodomésticos y muebles. Busca alguna transparente.
》 Contrata los servicios de un experto en mudanzas si ves que te está superando.

◆

▨ DÍA DE LA MUDANZA

¡Por fin llega el gran día! Y va a ser un día largo…

No cometas el error de dejarte cosas por empaquetar mientras los empleados van trasladando tus enseres. Van mucho más rápido de lo que te imaginas y, además, te necesitarán para comentarte un montón de cosas. Ellos tienen mucho trabajo por delante y, si tú estás terminando de cerrar tus cajas, les entorpecerás.

«No dejes nada para empaquetar el día de la mudanza»

Si has dormido esa noche en casa, ten previsto alguna bolsa o maleta para meter las sábanas y las toallas que hayas utilizado. En tu nuevo hogar, tendrás que poner una lavadora con todo eso lo antes posible. Puedes poner las toallas en una bolsa de plástico para que las sábanas no cojan humedad.

Durante la mudanza, ten a mano bolsas de basura, ya que siempre hay cosas que tirar como rollos de precinto acabados, botellas de agua, papel para secarse las manos… Ten también pañuelos de papel y un colirio. Entre el polvo del cartón y el que se levanta al mover los muebles y las alfombras, los necesitarás.

Déjate también algún producto de limpieza. Al mover los muebles, aparecerá bastante suciedad y no es bonito que dejes la casa hecha un asco. Cuando quedes para entregar las llaves, te avergonzará verlo todo sucio. Es mucho mejor que la dejes limpia antes de irte. No pienses que irás más adelante a limpiarla porque estarás preparando tu nueva casa.

Normalmente, al desinstalar el lavavajillas suele salir un poco de agua, por lo que necesitarás algo para recogerla. Yo suelo dejar la escoba, recogedor, fregona y cubo en la casa cuando me voy. Me gusta estrenarlos en mi nuevo hogar. Además, antes del traslado, seguramente, habrás limpiado tu nueva casa, por lo que allí tendrás ya estos elementos.

Es importante que tengas claro dónde vas a comer y a cenar ese día. Puedes prepararte bocadillos o reservar en algún sitio cercano. Pero asegúrate de que lo tienes controlado. No puedes ir dando vueltas de un sitio a otro buscando un lugar para comer porque no tendrás tanto tiempo.

Una buena idea es ir a cenar fuera al terminar la mudanza. Es una forma de celebrar el inicio de una nueva etapa.

Resulta muy aconsejable involucrar a los niños en el proceso de la mudanza pero, precisamente ese día, es mejor que no estén allí.

Búscales alguna actividad que les mantenga entretenidos o déjalos con algún familiar. Lo que sí deberías hacer es llevarlos cuando la casa esté vacía para que se despidan de ella. De esta forma, les queda claro que ahora tienen una casa nueva y no echarán de menos la anterior. Ana Samper me comentó que a ellos les resulta un poco más difícil cambiar su entorno y acostumbrarse al nuevo. Por eso, ella siempre que realiza una mudanza empieza montando la habitación de los niños en la nueva casa para que tengan un lugar donde encontrarse cómodos.

Cuando hayan terminado de meter tus enseres en el camión, revísalo todo antes de irte. En ese momento, solo pensarás en las ganas que tienes de desembarcar en tu casa nueva, pero es mucho mejor que destines algunos minutos a recorrer toda la vivienda comprobando que no haya quedado nada dentro de algún cajón o armario. Es también una buena ocasión para cerrar esta etapa. Despídete del que ha sido tu hogar hasta ese momento, agradece los buenos ratos que has pasado allí y focalízate en la vida que estás empezando.

LA ORGANIZACIÓN DEL DÍA DE LA MUDANZA DE UN VISTAZO

Recuerda: ese día ya tiene que estar todo empaquetado

⟩ Ten prevista alguna bolsa o maleta para guardar las sábanas y las toallas si has dormido en la casa.
⟩ Prepara un pequeño botiquín.
⟩ Déjate a mano bolsas de basura y algún producto de limpieza.
⟩ Al desconectar el lavavajillas, siempre suele salir agua.
⟩ Es importante que sepas dónde vas a comer y cenar ese día.
⟩ Durante la mudanza, es mejor que los niños no estén, pero es aconsejable que se despidan de la casa y la vean vacía.

ASENTAMIENTO EN TU NUEVO HOGAR

Y, con la sensación de agradecimiento e ilusión, pon rumbo a tu nueva casa. Seguramente, llegarás tú bastante antes que los empleados de la empresa de mudanzas con tus cosas. Además, ellos tienen que inspeccionar por dónde van a entrar los muebles, ver las dimensiones del ascensor o el montacargas y montar la plataforma elevadora antes de empezar a sacar cajas y muebles del camión.

Aprovecha ese rato para airear toda la casa y hacer una limpieza rápida antes de que vayan llegando las cosas. Visualiza la vida que quieres vivir ahí. Guarda en su sitio los objetos imprescindibles que llevas a mano. Si has decidido llevar tú las maletas para la primera semana, puedes ir colgando la ropa en los armarios. Disfruta ese momento de tranquilidad porque ahora te toca empezar a vivir el frenesí de recibir todo tu mobiliario y tus cajas.

Te aconsejo que no te pongas a abrir cajas hasta que se hayan marchado. Es mucho mejor que te concentres en darles las indicaciones necesarias para que ubiquen cada cosa en su lugar. Una vez se hayan ido, no podrás mover esa estantería que han colocado un palmo más a la izquierda de donde la querías. Las únicas cajas que sí deberás abrir son los armarios de cartón. Cuando lo cuelgues todo, se las llevarán y no te ocuparán espacio.

> **«No te pongas a abrir cajas mientras descargan tus cosas. Céntrate en darles indicaciones de dónde tienen que ubicar cada cosa»**

Tendrás que ir diciéndoles dónde va cada mueble y en qué habitación va cada caja. Ellos suelen apilarlas para que tengas más espacio para pasar. Ten en cuenta que luego tendrás que bajarlas de ahí para ir abriéndolas, así que pídeles que no te hagan columnas de cajas muy altas. Asegúrate de que no te bloquean alguna ventana o puerta ni los interruptores para encender y apagar la luz. Pídeles que te dejen a mano las cajas que tienes que abrir primero. Son las que has preparado con las sábanas, las toallas y las cosas necesarias para pasar la primera noche.

Cuando vacíen el camión, verifica que te han llegado todas las cajas

Y ahora, con el cansancio y la adrenalina acumulados durante todo el día, empieza la emocionante tarea de montar tu nueva casa. Lo primero que debes hacer es preparar las camas y colgar la ropa que has escogido para la primera semana. Después, monta la habitación de los niños y la cocina.

Si te han proporcionado las cajas en la empresa de mudanzas, deberás vaciarlas con rapidez porque, en algunas ocasiones, pasarán a recogértelas al cabo de un par de días. Cuando las vacíes, pliégalas para que te ocupen menos espacio y déjalas todas juntas.

Si las cajas son tuyas, cuando tengas unas cuantas vacías, pliégalas y ve llevándolas al contenedor de cartón más cercano. No te esperes a tener muchas. Parece que no, pero es mejor hacer más viajes que agotarte con el peso de un montón de cajas a la vez. Además, cuantas más lleves, más incómodo es sujetarlas para que no se te caigan. Por otro lado, ir liberándote de las cajas te da la sensación de que ya te vas haciendo con la casa.

Puedes dejar una caja montada para ir poniendo ahí el plástico de burbujas o el film que hayas utilizado. Cuando la tengas llena, la llevas al contenedor de plásticos. También puedes ir metiéndolo en bolsas de basura. La cuestión es que lo tengas todo separado para reciclarlo.

Si has pintado la vivienda antes de trasladarte, te aconsejo que le pidas al pintor que te deje algún bote de pintura porque es probable que se dañe alguna pared al colocar los muebles. Un pequeño retoque, y quedará como nueva.

Ahora ya solo te queda disfrutar de tu nuevo hogar y descansar, que te lo has ganado.

LA ORGANIZACIÓN DEL ASENTAMIENTO EN TU NUEVA CASA DE UN VISTAZO

Recuerda: céntrate en que te coloquen todas las cosas donde quieres

❯ Verifica que han llegado todas las cajas.

❯ Asegúrate de que las cajas apiladas no bloquean puertas, ventanas ni interruptores o enchufes.

❯ Abre solo las cajas armario para que se las lleve la empresa de mudanzas. El resto las abrirás cuando se hayan marchado.

❯ Haz las camas y coloca lo imprescindible para la primera semana.

❯ Monta primero la habitación de los niños y, luego, la cocina.

❯ Ve tirando las cajas y el material de embalaje para hacer espacio.

Agradecimientos

Muchísimas gracias a los profesionales, arquitectos e interioristas que han querido compartir algunos de sus proyectos en este libro.

Adela Cabré & Son
https://www.adelacabre.com

Coblonal Interiorisme
https://www.coblonal.com

Egue y Seta
https://www.egueyseta.com

Molins Design
https://molinsdesign.com/es

Sandon
https://sandon.es

Rodes Arquitectura y Diseño
https://rodesarquitectura.com

Ana Samper
https://www.instagram.com/
ordenyconcierto/?hl=es

Créditos fotográficos

Germán Cabo
https://germancabo.com

Heidi Cavazos
https://www.instagram.com/
heidicavazos_/?hl=es

Joan Guillamat
https://www.guillamat.com

Jordi Miralles
http://www.jordimiralles.com

Sara Riera
https://www.instagram.com/
sararierafoto/?hl=es

Mireia Rodriguez
https://mireiarodriguez.com

Sandra Rojo
https://www.sandrarojo.net

Vicugo Studio
https://www.vicugo.com